*COSAS QUE TAL VEZ HALLES
OCULTAS EN MI OÍDO*

Poemas desde Gaza

Mosab Abu Toha (1992)

Mosab Abu Toha

COSAS QUE TAL VEZ HALLES
OCULTAS EN MI OÍDO

Poemas desde Gaza

Traducción del inglés y Presentación:
Joselyn Michelle Almeida
Entrevista al autor:
Ammiel Alcalay

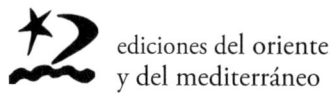

ediciones del oriente
y del mediterráneo

ISBN: 978-84-127649-2-5
Depósito Legal: M-11739-2024

Anudar poemas con pedazos de cristal, cemento, barras de acero no es fácil.
A veces me sangran las manos. Mis guantes se queman cada vez.

PRESENTACIÓN

El joven poeta, ensayista, periodista, fundador y director de la Biblioteca Edward Said de Gaza, nacido en Gaza en 1992, Mosab Abu Toha, está considerado uno de los exponentes principales de la poesía palestina de su generación. *Cosas que tal vez halles ocultas en mi oído. Poemas desde Gaza* (2022), su ópera prima, fue galardonado con el premio del libro estadounidense American Book Award, y el Palestine Book Award en 2022 y el premio Derek Walcott de poesía (Derek Walcott Prize for Poetry), además de ser finalista del premio de la crítica nacional en Estados Unidos. Este otoño, la editorial Knopf publicará su próximo libro, *Forest of Noise.*

Como el mismo Abu Toha detalla en una entrevista con el reconocido poeta, traductor y académico Ammiel Alcalay de la Universidad CUNY de Nueva York al final de este volumen, *Las cosas que tal vez halles ocultas en mi oído* recoge los poemas escritos durante los asedios que Gaza ha sufrido continuamente a manos de Israel desde 2001 (2008, 2012, 2014, 2021), y los poemas que Abu Toha escribió durante una beca en Harvard y sus estudios en la Universidad de Siracusa entre 2019 y 2021. Su poesía abarca la *longue durée* de la historia de Palestina antes y después de la Nakba, en 1948, vivida por la familia de Abu Toha y transmitida de una generación a otra.

Al igual que Mahmud Darwish, uno de sus referentes literarios, Abu Toha logra la inmediatez y la proyección de su voz poética a través de una estética firmemente enraizada en la experiencia individual y a la vez colectiva que reclama la humanidad y los derechos de los palestinos en Gaza y Cisjordania. El poema que da título al libro, «Las cosas que tal vez halles ocultas en mi oído», se refiere a la experiencia que Abu Toha tuvo después de que fuera herido durante un bombardeo israelí en 2014 y pasara por una cirugía de oído.

Dedicado a la otorrinolaringóloga Alicia M. Quesnel, el poema destaca el sonido como uno de los temas centrales del libro, e invita al lector a escuchar cuidadosamente la voz y el paisaje sonoro del poeta: las voces de los seres queridos y el trino de los pájaros que hacen contrapunto a los cazas, los drones y las bombas que aniquilan y siembran la muerte. La poesía de Toha también nos invita a escuchar los silencios de aquellos que ya no están, como el abuelo paterno al que nunca pudo conocer, y los amigos que perdió en el ataque israelí de 2014.

Durante la presente agresión, las pérdidas sufridas por Abu Toha, su mujer, Maram, y sus tres hijos, Yazzan, de ocho años, Yaffa, de siete, y Mustafa, de cuatro, han sido desoladoras. Ellos y sus familias tuvieron que abandonar sus hogares, destruidos por completo a la vez que más de 88 000 edificios gazatíes en lo que va de invasión, como ha constatado la ONU. El abuelo materno de Abu Toha falleció en abril, y el de su mujer, en enero del presente año; además, ambos han perdido a primos y familiares cercanos. Abu

Toha también perdió a su querido amigo, el poeta y académico Refaat Alareer, cuya muerte se suma a las más de 40000 palestinos (70000 heridos) en una situación de catástrofe humanitaria que continúa conmocionando a la sociedad civil global y que el Tribunal Internacional de Justicia de La Haya no ha dudado en investigar como genocidio.

Aunque por el momento Abu Toha y su familia residen en El Cairo, el resto de su familia, padres y hermanos, siguen en Gaza sin poder salir. En sus artículos para *The New Yorker* y en entrevistas para *Democracy Now* y CNN, Abu Toha ha detallado el secuestro y la tortura que vivió a manos del ejército israelí junto a otros 400 palestinos cuando se dirigía con su mujer y sus hijos al Paso de Rafah después de que Estados Unidos autorizara su salida. El clamor internacional de colegas, el PEN Club Internacional, *The New Yorker* y el activismo digital de sus lectores lograron su liberación.

El presente libro fue lo único que Abu Toha pudo rescatar al salir de Gaza, adonde espera volver como también miles de palestinos. Si, como escribió Celaya, la poesía es un arma cargada de futuro, la poesía de Mosab Abu Toha proclama su lucha y esperanza.

Joselyn Michelle Almeida

A *(apple / am)*

La manzana que cayó de la mesa una tarde oscura cuando los relámpagos hechos por el hombre centellearon en la cocina, las calles y el cielo, sacudiendo las alacenas y rompiendo los platos.

«Estoy» es el verbo copulativo que sigue al «yo» en el presente del tiempo verbal cuando ya no existo, cuando estoy hecho pedazos.

B *(book / border)*

Un libro que no menciona ni mi lengua ni mi país, y tiene mapas de todos los lugares salvo el lugar donde nací, como si yo fuera un hijo ilegítimo de la Madre Tierra.

Las fronteras son esas líneas imaginarias dibujadas con ceniza en los mapas y cosidas a la tierra con balas.

---

1. Ante la imposibilidad de hacer coincidir las palabras del original con su traducción al castellano, se ha optado por poner entre paréntesis las palabras en inglés de este abecedario (N. T.).

C (city / country)

Gaza es una ciudad donde los turistas se fotografían junto a edificios destruidos o cementerios.

Un país que solo existe en mi mente. Su bandera no tiene espacio para ondear con libertad, pero hay sitio en los ataúdes de mis compatriotas.

D (dar / dream)

Dar significa casa. En 1948 mis abuelos dejaron su casa cerca de la playa de Yaffa. Un árbol del cual me hablaba mi abuelo crecía en el patio delantero.

Los sueños de los niños y sus padres de escuchar canciones, o ver obras de teatro en el Centro Cultural Al-Mishal. Israel lo destruyó en agosto del 2018. Odio el mes de agosto. Pero todavía se hace teatro en Gaza. Gaza es el escenario.

E (email / easy)

El correo electrónico que utilicé cuando había electricidad, el correo a través del cual respiré el aire de ultramar. Lo utilicé por primera vez para enviar fotos a mi tía en Jordania, a quien vimos por última vez en el 2000.

Qué fácil se hace reconocer el tipo de aeronave: ¿es un F-16, un helicóptero, o un dron? Qué tipo de munición fue: ¿de un acorazado, un fusil M-16, un tanque o un Apache? La clave está en el sonido.

F *(friends / fish)*

Los amigos de la escuela, del barrio, de la niñez. Los libros de mi salón en Gaza, los poemas en mis libretas, todavía solos. Los tres amigos que perdí en el ataque de 2014: Ezzat, Ammar e Ismael. Ezzat nació en Argelia. Ammar en Jordania. Ismael, en una granja. Los enterramos a todos bajo la tierra fría.

Los peces de nuestro mar que los pescadores no pueden capturar porque los acorazados israelíes cuidan la vida marina del Mediterráneo. Una vez pescaron en la playa de Gaza con un aluvión de proyectiles, y Huda Ghalia perdió a su padre, su madrastra y sus cinco hermanos en junio del 2006. Acompañé al cortejo fúnebre hasta el cementerio. Sobre su ropa la sangre todavía estaba fresca. Les habían echado perfume para encubrir el hedor. Con el tiempo mi odio por el perfume creció intensamente.

G *(Good / gender)*

¿Cómo estás Mosab? Estoy bien. *Good*. Detesto esta palabra. No significa nada para mí. ¡Qué bien hablas inglés, Mosab! Gracias.

Cuando tuve que rellenar la solicitud para el visado estadounidense J-1, mi país, Palestina, no figuraba en la lista. Pero, vaya suerte la mía, mi género sí que aparecía.

H *(helicopter / hey)*

Si un helicóptero se detiene sobre el cielo de Gaza, sabemos que va a disparar un proyectil. No ve si un blanco está cerca de niños jugando a las canicas o al fútbol en la calle.

Mi amiga Elise me dijo que «¡Ey!» es un coloquialismo y no debe utilizarse. «Los profesores de lengua se desmayarían si vieran lo que se escribe en inglés», me comentó.

I *(image / ill)*

Son imágenes en las paredes de los edificios, una niña alcanzada por el disparo de un francotirador israelí o asesinada durante un bombardeo aéreo. Colocaron su retrato sobre su pupitre en la escuela. El retrato mira la pizarra mientras el aire ocupa su silla.

Me despierto enfermo cuando ideas tenebrosas de lo que pudo haberme sucedido se aparecen en mis sueños, si me hubiera detenido unos segundos frente a la ventana mientras de la nada una bala hacía añicos el cristal.

J *(juice / jobless)*

Una vez, envié una foto de mi escritorio en Gaza a un amigo en Estados Unidos. Quería mostrarle que estaba bien. En el escritorio había algunos libros, mi ordenador y un vaso de zumo de fresa.

Cuando envié la foto, yo no tenía trabajo. En Gaza, el 47% de la gente se encuentra en el paro. Pero mientras escribo estas líneas, intento empezar una revista literaria. Todavía no sé cómo titularla.

K *(key / Kafka)*

Mi abuelo guardó la llave de su casa en Yaffa en 1948. Pensó que regresaría en unos días. Se llamaba Hasan. La casa fue destruida. Otros construyeron una nueva en su lugar. Hasan murió en Gaza en 1986. La llave se ha oxidado pero todavía existe, añorando la vieja puerta de madera.

En Gaza, no sabes de qué eres culpable. Es como vivir en una novela de Kafka.

L *(language / light)*

Hablo el árabe y el inglés, pero no sé en qué lengua está escrito mi destino. No sé si esto cambiaría algo.

La luz se opone a la tiniebla y la pesadumbre. En Gaza, cuando cortan la electricidad, encendemos el interruptor de la luz, incluso durante el día. De este modo, sabemos cuando regresa.

M *(marhaba / milk)*

Marhaba significa hola o bienvenido. Decimos *marhaba* a quienes vemos. Es como un abrazo cálido. No lo usamos, empero, cuando nos visitan los soldados o sus balas o sus bombas. Estos huéspedes no solo dejan su mierda, sino que también nos arrebatan todo lo que poseemos.

Mi padre nos preparaba leche con *qirshalah* antes de ir a la escuela. Yo cursaba el tercer curso, y mi madre estaba cuidando a mi hermano en el hospital. Mi hermano murió en 2016.

N *(number / nail)*

En 2014, alrededor de 2139 personas fueron asesinadas, de estas 579 eran niños, hubo 11100 heridos y 13000 edificios fueron destruidos. Perdí a tres amigos. Mas no se trata de números. Tampoco los años son números.

Un clavo se utiliza para juntar dos piezas de madera o para colgar cosas de la pared. En 2009, los israelíes dispararon a una ambulancia una bomba de clavos y tornillos cerca de mi casa. Hubo muertos. Vi muchos clavos en la pared recién pintada de mi vecino.

O *(oranges / oven)*

Yaffa se conoce en todo el mundo por sus naranjas. Mi abuela, Jadra, intentó llevarse algunas en 1948, pero el bombardeo fue demasiado fuerte. Las naranjas rodaron por el suelo y la tierra se bebió el zumo. Estoy seguro de que era dulce.

En Gaza, teníamos un horno de barro que nuestro vecino Munír nos había construido. Cuando mi madre quería hornear, yo le echaba leña o cartón para calentarlo para el pan. La leña provenía de los tallos secos de las plantas: pimientos, berenjenas, maíz.

P *(poem / Palestine)*

Un poema no son solo palabras en un verso. Es un tejido. Mahmud Darwish quería construir su hogar, su exilio, de todas las palabras del mundo. Tejo con mis venas mis poemas. Quiero construir un poema como una casa sólida, pero, ojalá, no con mis huesos.

El 23 de julio de 2014, un amigo llamó y me dijo, «Han matado a Ezzat». Pregunté cuál Ezzat. «Ezzat tu amigo». El teléfono se me resbaló de las manos y comencé a correr, sin saber hacia dónde.

¿Cómo te llamas? Mosab. ¿De dónde eres? De Palestina. ¿Cuál es tu lengua materna? El árabe, pero ella está enferma. ¿Cuál es el color de tu piel? No hay luz suficiente para permitirme ver.

Q *(quiet / al-Quds)*

Estábamos viendo un partido de fútbol. Los comentarios y los gritos llenaban el salón. Se cortó la luz, y cayó un silencio sepulcral. Podíamos oír nuestra respiración en la oscuridad.

Al-Quds es el nombre árabe de Jerusalén. Nunca he visitado al-Quds. Está a unos 96 km de Gaza. La gente que vive a 6000 kilómetros puede mudarse allí, pero yo ni siquiera puedo ir de visita.

R *(rain / November)*

Nací en noviembre. Mi madre me contó que estaba caminando con mi padre por la playa. De repente, amenazó una tormenta y comenzó a llover. Mi madre sintió dolor, y una hora más tarde, me dio a luz. Amo la lluvia y el mar, las dos cosas que escuché antes de llegar a este mundo horrible.

S *(sun / son)*

Me gusta ir a la playa y contemplar el sol mientras se hunde en el mar. Va a lucir en lugares más agradables, me digo a mí mismo.

Mi hijo se llama Yazzan. Nació en 2015, un año después de la guerra de 2014. Así ponemos las fechas. Una vez, vio un cúmulo de nubes. Gritó: «¡Papá, bombas! ¡Cuidado!». Pensó que las nubes eran el humo de las bombas. Hasta la naturaleza nos confunde.

T *(tea / tomorrow)*

En verano, bebo té de menta. En el invierno, añado hojas de salvia. A los visitantes, incluso si es un vecino que llama a la puerta para preguntar qué día es o en qué fecha estamos, le ofrezco té. Ofrecer té es como decir *marhaba*.

Una vez dijeron que Palestina sería libre mañana. ¿Cuándo es mañana? ¿Qué es la libertad? ¿Cuánto tiempo dura?

U *(umbrella / university)*

No estaba lloviendo aquel día, pero me llevé el paraguas de todos modos. Cuando un F-16 sobrevoló la ciudad, abrí el paraguas para esconderme. Los chicos pensaron que era un payaso.

En agosto de 2014, Israel bombardeó el rectorado de mi universidad. El departamento de inglés se convirtió en una ruina. La ceremonia de graduación se postergó. Las familias de los muertos asistieron para recibir, no el diploma, sino un retrato de sus hijos.

V *(van / vase)*

Cuando nos trasladábamos de Cambridge a Siracusa, miré por la ventanilla de la furgoneta de U-Haul. Qué país tan enorme es Estados Unidos, pensé. ¿Por qué los sionistas ocupan Palestina y construyen colonias y nos matan en Gaza y Cisjordania? ¿Por qué no viven aquí en Estados Unidos? ¿Por qué no podemos venir nosotros a vivir y trabajar aquí? Mi amigo me oyó. Era de Irlanda. A ambos nos gustaba el Liverpool club de fútbol.

En Gaza, puedes encontrarte a un hombre sembrando una rosa en el hueco de un obús de un tanque sin detonar, y usarlo de maceta.

W *(wake up / winter)*

Un día, estábamos durmiendo en casa. Una bomba cayó en una granja vecina a las seis de la mañana, como un despertador levantándonos para ir temprano a la escuela.

En agosto del 2014, después de 51 días de ataques israelíes, las paredes de mi habitación tenían muchas más ventanas que cuando me fui, ventanas que ya no cerraban. El invierno fue duro para nosotros.

X *(x-ray / xylophone)*

Cuando me hirieron en enero del 2009, tenía dieciséis años. Me llevaron al hospital y me hicieron una radiografía por primera vez. Tenía dos fragmentos de metralla en el cuerpo. Uno en el cuello y otro en la frente. A los siete meses, me hicieron la primera cirugía para extraerlos. Todavía era un niño.

Por Navidad, un amigo regaló un xilófono a los niños. Tenía una fila de láminas de madera. Eran de distintos largos y colores, rojo, amarillo, verde, azul, púrpura y blanco. Los niños se lo mostraron a sus abuelos en Gaza, y sus ojos bailaron al ver sonreír a sus nietos.

Y *(Yaffa / you)*

Mi hija se llama Yaffa. Me acerco a escuchar las palabras de su boca cuando habla, y oigo el mar de Yaffa, las olas acariciando la orilla. La miro a los ojos, y veo las pisadas de mis abuelos marcadas todavía en la arena.

¿Cómo te fuiste de Gaza? ¿Piensas volver? Debes quedarte en EE.UU. No debes pensar en volver a Gaza. Cosas que me dice la gente.

Z *(zoo / zero)*

Cuando estaba en quinto curso, nuestro profesor de ciencias quiso que visitáramos un zoo para ver los animales, escuchar sus voces y ver cómo caminan y duermen. Cuando llegué allí, estaban aburridos, me dieron la espalda. Vivían encerrados en jaulas.

Nosotros utilizamos un artículo «cero» con la mayoría de los nombres propios. Mi nombre y el nombre de mi país llevan un cero adicional delante, como cuando haces una llamada al exterior. Pero a nosotros nos han hundido bajo el mar, ¿comprendes lo que digo?

DEJANDO ATRÁS LA NIÑEZ

Cuando me fui, dejé la niñez en un cajón
y sobre la mesa de la cocina puse el caballito de juguete
en su bolsa de plástico.
Me fui sin mirar el reloj.
No recuerdo si era mediodía o por la tarde.

Nuestro caballo pasó la noche solo,
sin agua ni grano para la cena.
Pensaría que fuimos a cocinar un plato
para invitados tardíos o a hacer un pastel
por el décimo cumpleaños de mi hermana.

Caminé con ella por nuestra calle infinita.
Cantamos una canción de cumpleaños.
Los bombarderos retumbaron en los cielos.

Cansados, nos seguían nuestros padres,
mi papá apretándose contra el pecho
las llaves de la casa y del establo.

Llegamos a una estación de rescate.
La crónica del bombardeo rugía en la radio.
Odié la muerte, pero también odié la vida

al tener que marchar hacia nuestro largo morir
recitando nuestra oda interminable.

¿QUÉ ES HOGAR?

Qué es hogar:
es la sombra de los árboles cuando iba a la escuela
　　　　　antes de que los arrancaran de raíz.
Es la fotografía en blanco y negro de la boda de
　　　　　mis abuelos antes de derrumbarse las paredes.
Es la alfombra de oración de mi tío donde dormita-
ban decenas de hormigas en invierno antes de que
　　　　　fuera saqueada para colocarla en un museo.
Es el horno que mi madre usaba para hornear el pan
y asar el pollo antes de que una bomba calcinara
　　　　　　　　　　　　　　nuestra casa.
Es el café donde veía los partidos de fútbol y jugaba—

Mi hijo me interrumpe: ¿Una palabra de cinco letras
　　　　　puede guardar todo eso?

MI ABUELO FUE UN TERRORISTA

Mi abuelo fue un terrorista—
Cultivó su huerto,
regó las rosas en el patio,
fumó cigarrillos con mi abuela
en la playa amarilla, allí tumbado
como en una alfombra de rezar.

Mi abuelo fue un terrorista—
Recolectó naranjas y limones,
salió a pescar con sus hermanos hasta el mediodía,
cantó una hermosa canción
de camino al herrador con su caballo pinto.

Mi abuelo fue un terrorista—
Hizo una taza de té con leche,
se sentó en el verdor de su tierra, suave como la seda.

Mi abuelo fue un terrorista—
Partió de su casa, dejándola para los huéspedes venideros,
puso agua en la mesa, la más clara,
no fuera que los huéspedes murieran de sed después
                                    de la conquista

Mi abuelo fue un terrorista—
Caminó hasta la ciudad segura más cercana,
vacía como el taciturno cielo,
vacía como una jaima abandonada,
oscura como una noche sin estrellas.

Mi abuelo fue un terrorista—
Mi abuelo fue un hombre,
el sostén de una familia de diez,
su único lujo fue tener una tienda

con la bandera azul de la ONU izada en un mástil oxidado.
en la playa junto a un cementerio.

EN UNA NOCHE SIN ESTRELLAS

Una noche sin estrellas,
no paro de dar vueltas sin dormir.
La tierra tiembla
y me caigo de la cama.
Miro por la ventana. La casa
de al lado ya no sigue
en pie. Extendida como una vieja alfombra
sobre el suelo de tierra,
machacada por misiles, unas gruesas pantuflas
vuelan sin piernas ni pies.
No sabía que mis vecinos aún tenían aquella pequeña tele,
que todavía colgaba de la pared aquel viejo cuadro,
su gata había tenido gatitos.

PINTOR PALESTINO

Dos pájaros
vuelan de su nido
entonando un canto, tal vez
para el artista que trabaja
en lo que antes fue
un antiguo jardín bien cuidado.

Está pintando una casa nueva,
y hasta un nuevo jardín.
Sin metralla,
sin vigas de metal retorcido,
sin ladrillos rotos y cables eléctricos sueltos.

Pero entonces lo veo dudar,
observando a una muñeca decapitada
tirada en los escombros.

Me pregunto si la pintará
como parte de la casa nueva y el jardín resucitado.
Puede que destruya
su armonía.
Puede que perturbe
a los visitantes forasteros.

MI ABUELO Y EL HOGAR

I

mi abuelo contaba con los dedos los días para el retorno
luego utilizó piedras para llevar la cuenta
no fueron suficientes
se valió de las nubes los pájaros los amigos

la ausencia resultó demasiado larga
treinta y seis años hasta su muerte
para nosotros son más de setenta

mi abuelo perdió la memoria
olvidó la gente los números
olvidó el hogar

II

quisiera estar contigo abuelo
habría aprendido a escribirte
muchas poesías y pintar nuestra casa para ti
del campo te habría cosido un traje
adornado con las plantas
y los árboles que cultivaste
te habría preparado

perfume de los azahares

y jabón de las lágrimas de alegría del cielo

no pude pensar en algo más puro

III

voy al cementerio todos los días

en vano busco tu sepultura

están seguros de haberte enterrado

o te convirtieron en un árbol

o tal vez echaste a volar con un pájaro hacia la nada

IV

pongo tu retrato en un tiesto

lo riego los lunes y los jueves al atardecer

me contaron que esos días ayunabas

en ramadán los riego cada día

durante treinta días

más o menos

V

cómo quieres que sea de grande nuestra casa

puedo seguir escribiendo poemas hasta que estés satisfecho

si quieres puedo anexar uno o dos planetas cercanos

VI

para esta casa no dibujaré
lindes ni signos de puntuación

LAS CALLES PALESTINAS

Las calles de mi ciudad no tienen nombre.
Si un palestino muere por un francotirador o por un dron,
nombramos la calle en su honor.

Los niños aprenden mejor los números
cuando pueden contar cuántas casas o escuelas
fueron destruidas, cuántos padres y madres
fueron heridos o arrojados a la cárcel.

Los adultos en Palestina solo usan el carné de identidad
para no olvidar
quiénes son.

EN LA GUERRA: TÚ Y LAS CASAS

Tú luchas. Tú
mueres.
Nunca sabrás quién ganó o perdió
o si acabó la guerra.

No encontraron un lugar para tu entierro.
Te llevaron a hombros,
en procesión por el barrio,
se detuvieron frente a tu escuela
y el viejo parque.

Las casas nunca te vieron.
Ya han hecho sus maletas.
El polvo ha levantado una tienda en las esquinas.
La herrumbre se ha extendido con sus harapos sobre
                                        el grifo
y la cuchara.
Roba al agua su suave deslizar,
mientras tú,
tú duermes sobre arenas movedizas.

BUSCANDO UNA NUEVA SALIDA

El telón
con el peso del miedo
no se levanta.

Como sucede a menudo,
alguien ha cortado
la electricidad.

Estamos sin electricidad.

El aire opresivo
intenta moverse en vano.

No hay luz
para ayudarme a ver
las fronteras de mi Estado:

mi Estado inexistente.

No encuentro las palabras
en mi diccionario de Gaza,
ni siquiera en el diccionario *American Heritage*.
No hallo ninguna palabra

en mi imaginación
para llenar el vacío.

Todo lo robado por tornados
de Oriente y Occidente
golpeando nuestro teatro una vez y otra:

tantas exequias.

El aire
se agita de repente
entre sonidos sibilantes.
Mi ánimo se levanta— ya sin desfallecer,
buscando una nueva salida.

Sin aplausos.
La función nunca se acaba.
El público se va
antes de que yo llegue.

POEMA VOLADOR

Como una mujer
tendiendo la colada en la cuerda,
cuelgo mis palabras
en los renglones de mi página.

Palabras duras, temerosas,
propagan miedo en mi habitación.
Se encogen
cuando se exponen al sol
del ojo lector.

Mis palabras
se secan.

Al día siguiente,
mi hermano, cansado de observar
esas letras desfallecidas,
arroja el libro
al cajón.

Se pone el sol
tras el párpado.

en el cajón, las palabras
se sofocan y se cuecen en su propio sudor.

Mi sobrinita las siente.
Abre el cajón.
Las palabras salen volando.
El poema es libre.
Se posa en nidos de aves migratorias.
Ellas lo cantan a las nubes que pasan.

SOLLOZANDO EN SILENCIO

Quisiera poder despertarme y que hubiera electricidad
todo el día.
Quisiera poder escuchar a los pájaros cantar de nuevo,
sin disparos ni zumbido de drones.
Quisiera que mi escritorio me llamara a asir mi pluma
y escribir de nuevo,
o por lo menos sumergirme en una novela, revisitar
un poema, o leer una obra de teatro.
A mi alrededor no hay nada
salvo mudas paredes
y gente sollozando
en silencio.

DESCUBRIMIENTOS

Estamos bien, aunque no nos sentimos bien.
Gaza está bien, aunque no hay razón para que se sienta
así.
En Gaza, el sol brilla y la luna flirtea con las hojas de
los naranjos.
Sin embargo, la gente de Gaza viene y va con las manos
vacías:
sin buenas noticias para sus hijos,
sin golosinas para endulzar sus bocas pálidas
y sin luz para leer.

EJERCICIO INTENSO

En Gaza
respirar es una tarea,
sonreír es hacerse
cirugía plástica
en el propio rostro,
y levantarse por la mañana,
intentando sobrevivir
otro día, es regresar
de la muerte.

RAYUELA OLÍMPICA

Nos sentamos y bebemos té
en la cálida noche de Ramadán.
Los chicos juegan al escondite.
Las niñas a la rayuela.
Las madres conversan y ríen.

Un zumbido de drones sobrevolando
mi familia y los amigos
detiene los juegos, las conversaciones y las risas.

Un misil falla
cae sobre una granja próxima.
La metralla corta los cables eléctricos.
El polvo cubre nuestro té
como si fuera nata.

Llegan volando más misiles
en busca de algo que se mueva.

Los ángeles raptan a mi sobrinita.
La buscamos y solo encontramos
su biberón.

MUERTO ANTES DE NACER (M.A.N.)

Una sonrisa pálida en el rostro del cielo.
Un ruiseñor deja la tierra mojada
para iniciar el día, buscando semillas que comer.
Una gota de agua fresca cae de su pico
sobre un caracol perezoso.

Todo se mueve:
el aire, las ramas de los árboles.
Cae una manzana.

El sonido de un dron
irrumpe con violencia.
No sigue su camino
ni nos deja solos unos segundos,
se niega a escuchar música
o el trino de los pájaros.

Muere la gente.
Otros nacen.
A nosotros,
el miedo a morir antes de haber vivido
nos habita cuando aún estamos
en el vientre de nuestra madre.

SALARIO DE ESCOMBROS

¿Por qué no se lleva el bombardero unos escombros
a bordo después de destruir
una casa para aumentar el salario del piloto?
En la balanza, el acero y las piedras pesan más
que las almas.

SUDOR FRÍO

Bañado en sudor.
Puedo ver las estrellas
por el agujero de un proyectil en el techo.
Me paso las manos por el pelo.
Los pantalones humedecidos
se adhieren a mis piernas.

Oigo un ruido.
Miro alrededor.
No hay nadie más en la habitación.
No siento mi cuerpo.
Miro al espejo.
Era el castañeteo de mis dientes.

LÁGRIMAS

Caen lágrimas por mis mejillas silenciosas.
Me siento avergonzado. No quiero molestarlas
a ellas, ni a ninguna parte de mi cuerpo.

Todo a mi alrededor quiere permanecer en silencio,
indiferente al aire o a mi aliento.
Todo quiere detenerse en este momento. Hasta nuestro oliv
se inclina cuando ve la bomba caer. El cabello rizado del árb

roza la arena seca. Sus verdes ojos
perforados por los pedazos de vidrio,
las ventanas de nuestro salón, la cocina y los dormitorios,
y la biblioteca de mi padre, donde una pareja

de gorriones anida en un rincón del techo. El polvo
de nuestra casa destruida sigue cayendo lentamente
sobre los árboles y el tejado del vecino. Mientras los escombr
y las vigas de hierro, más pesados,

ya han caído más rápido y golpean la tierra rugosa y calcinad
Ahora el cielo llora sobre nosotros, y el polvo se instala
sobre las piedras deformes, su tumba provisional,
hasta que el viento se lo lleve a un lugar más seguro,

tal vez al vehículo de unos *vips* cruzando la frontera, fuera y para siempre.

BARCO DESIERTO, SOÑANDO

Un barco desierto,
estoy sentado solo
en la playa.

Las olas se acercan
intentando llegar hasta mí,
como para acariciar mi mano,
decirme que estoy a salvo—
al menos por ahora.

En lo alto vuelan las gaviotas
proyectando instantes
de sombra y alegría.

La oscuridad cae rápido
sobre la noche sin luna.

* * *

Me encuentro
a la deriva
en el mar.

Una puerta acuosa
se abre por debajo,
estoy girando en un remolino

hacia un estado
que nunca había experimentado antes.

Me siento a salvo.
A salvo por toda la eternidad.

«Descansa en paz»,
oigo decir a mi padre.
«Has encontrado un lugar mejor».

LA PARED Y EL RELOJ

Ese reloj siempre está en la pared.
Cada vez que entro a mi habitación, siento
curiosidad, quiero bajarlo, ver
qué hay detrás de su cara.
Quiero ver cómo le pesan los años.
Mi padre lo compró cuando yo era niño.
Quiero contar sus dientes
para saber qué edad tiene.

Pero el reloj no envejece.
Los números nunca cambian.
Solo lo hago yo.

Y luego está la mecedora,
y estoy sentado en ella, solo
en la habitación, meciéndome,
sin hacer nada, pero
imaginando que la pared grita al reloj:
«¡Basta ya de tictac! ¡Me duelen los oídos!».

Miro las grietas de la pintura en la pared.
Es más que el simple sonido del reloj.
Los agujeros de la metralla me miran fijamente
cada vez que entro en la habitación.

(El reloj no sufrió daños en aquel ataque).

Me apresuro a sacar las pilas del reloj.
Le susurro:
te llevaré al médico,
aunque no eres el único que está enfermo.

La pintura ya no se desconcha.

Llevo el reloj al relojero,
le pido que lo enmudezca.
Le quita las cuerdas vocales,
le remienda la boca.
No vi los dientes,
no pregunté al médico.

En casa, le vuelvo a poner las pilas.
El reloj funciona en silencio.
Se suma a la quietud de la alcoba.

Me acomodo en el sillón, leo en voz alta algunos poemas
para romper los hilos de silencio que cuelgan
del techo.

Una fría brisa nocturna se cuela por los agujeros de la pared.
Rompo unas páginas que acabo de leer
metiéndolas entre los ventanucos desvencijados que no cierran.

Al día siguiente, llego al trabajo dos horas tarde.

El reloj quedó mal ajustado después del «tratamiento».
Estoy seguro de que me habría avisado
si fuera capaz de hablar.

Se cae el número 4 de la cara del reloj
cuando intento ponerlo en hora.

Como si se hubiera caído un diente delantero.

A los cuatro días,
mi hermano Hudayfah
muere.

MI CIUDAD DESPUÉS DE LO QUE SUCEDIÓ HACE ALGÚN TIEMPO

La horca está estrangulando el cuello de la ciudad.
Los saqueadores la desnudan,
venden sus ropas y sus joyas a los monstruos del mar.
Los árboles, desnudos y cabizbajos, dejan caer sus hojas
                                        amarillas,
tratando de cubrir las estancias privadas de las casas:
la bañera llena de agua tibia para los nuevos desposados.

En el mercado, venden una foto de mi abuela
                                cuando era joven.
No saben que comenzó a fumar de mayor.
Ojalá tuviera un cigarrillo para colocarlo cerca del marco.
Una vez intenté encender un cigarrillo y fumar.
Me quemé el dedo y nunca volví a hacerlo.

El bastón de mi abuelo se apoya contra una pared
                                        polvorienta
junto a la mochila escolar de mi padre.

Dos hombres cogen apresuradamente los libros
                        amontonados debajo de la mesa,

los compran por el primer precio que anuncia el vendedor.

Sus manos los vomitan al mar cercano.

Los ojos de las palabras enrojecen por la sal,

los mapas beben en demasía,

y el agua inunda sus lagos y ríos, filtrándose por las hojas.

La ciudad ya no existe salvo en los cráteres.

No tengo adónde ir salvo por un camino nuevo, nunca
hollado.

En Gaza, algunos no podemos morir completamente.
Cada vez que cae una bomba, cada vez que la metralla golpea nuestras tumbas,
cada vez que los escombros se amontonan sobre nuestras cabezas,
despertamos de nuestra muerte provisional.

La horca de Gaza lo ensoga todo.

¿Dónde está el resto de mí? Hecho añicos.

Cuando una lluvia de piedras no basta, un cielo de piedras sí puede.

El aroma del café todavía flota en el aire. Pero, ¿dónde está la cocina?

Quería preparar té para nuestros invitados, pero el hombre de Porlock [1]
arruinó la fiesta.

---

1. «El hombre de Porlock» es sinónimo de un visitante inoportuno. Se refiere al hombre que interrumpió al poeta inglés Samuel Taylor Coleridge (1772-1834) mientras componía «Kubla Khan», uno de los poemas más importantes del Romanticismo inglés (N.T.).

Examen

Cuando un dron te sigue mientras vas camino de la escuela, ¿qué hace?:

) Vigila para que no te atropelle un coche;

) Observa por si pierdes el dinero en el camino;

) Cuenta tus pasos para asegurarse de que haces suficiente ejercicio; o

) Proteje tu cabeza en caso de que un F-16 te dispare una bomba por error.

...as caracolas llenas del sonido de las olas del mar, nuestros pies corriendo por
...a arena, y las historias que nos contó nuestro abuelo. No hay espacio para el
...uido de los drones.

Un niño llena una botellita con agua de mar, en recuerdo de su visita, y el barco está celoso, deseando poder entrar en la botella y así regresar a casa también.

A pesar de todo, las fresas nunca han dejado de madurar.

AMAMOS LO QUE TENEMOS

Amamos lo que tenemos, sin importar que sea poco,
porque si no lo hacemos, todo se habrá ido. Si no lo hacemos,
ya no existiremos, pues no habrá nada aquí
para retenernos. Aquí hay algo que todavía estamos
construyendo. Aún no podemos verlo, porque somos parte
de ello.

Pronto este edificio se erguirá por sí mismo, mientras nosotros,
nosotros seremos los árboles que lo protejan del fiero
viento, los árboles que darán sombra
a la siesta de los niños o sus juegos en los columpios.

LETANÍA PARA «UNA TIERRA»

al modo de Audre Lorde

Para aquellos que viven al otro lado:
podemos veros, y podemos ver la lluvia
cuando cae en vuestros (nuestros) campos, vuestros (nuestros) valles,
y cuando se desliza por los tejados de vuestras casas «modernas»
(construidas encima de las nuestras).

¿Podéis quitaros las gafas de sol y mirarnos aquí,
ver cómo la lluvia ha inundado nuestras calles,
como un violento aguacero ha roto
los paraguas de los niños camino de la escuela?
Los árboles que veis han sido regados por nuestras lágrimas.
No dan fruto.
Las rosas rojas toman su color de nuestra sangre.
Huelen a muerte.

El río que nos separa de vosotros es solo
un espejismo que creasteis al expulsarnos.

¡ES UNA TIERRA!

Para aquellos que están al otro lado
disparándonos, escupiéndonos,
¿cuánto tiempo podréis estar ahí, cercados por el odio?

¿Seguiréis usando vuestras gafas negras hasta
que seáis incapaces de quitároslas?

Pronto no estaremos aquí para que nos veáis.
No importará si parpadeáis o no,
si podéis o no seguir de pie.
No cruzaréis ese río
para capturar más tierras,
porque os desvaneceréis en vuestro espejismo.
No podéis construir otra colonia sobre nuestras tumbas.

Y cuando expiremos,
nuestros huesos seguirán creciendo
hasta alcanzar y entrelazarse con las raíces de los olivos
y los naranjos, y bañarse en el dulce mar de Yaffa.
Un día, volveremos a nacer cuando no estéis aquí.
Porque esta tierra nos conoce. Es nuestra madre.
Cuando expiremos, descansaremos en su vientre
hasta que se desvanezca la oscuridad.

Para aquellos que ya NO están,
nosotros hemos estado aquí siempre.
Hemos hablado, pero vosotros
nunca habéis querido escuchar.

NOS MERECEMOS UNA MUERTE MEJOR

Nos merecemos una muerte mejor.
Nuestros cuerpos están desfigurados y retorcidos,
bordados con balas y metralla.
Nuestros nombres se pronuncian mal
en la radio y la televisión.
Nuestras fotos, pegadas en los muros de los edificios,
se destiñen y palidecen.
Las inscripciones de nuestras lápidas desaparecen
cubiertas por las heces de pájaros y reptiles.
Nadie riega los árboles que dan sombra
a nuestras tumbas.
El sol abrasador ha abrumado
nuestros cuerpos en descomposición.

EL PAN DE CADA DÍA DURANTE LA GUERRA

En guerras anteriores, los vecinos comían con nosotros
en el sótano. Mi hermano prendía fuego en el viejo
brasero, y yo preparaba el té y ponía el hervidor sobre
las ascuas de carbón.

Había una tregua cada dos o tres días. Mi padre podía
salir y ver cómo estaban las gallinas y los patos en sus
corrales. Mi madre subía al tejado para llenar de agua
los cuencos de las palomas y los gorriones.

Se llevaban a los hombres a la cárcel o a campos de
concentración. Podían ver a quienes atacaban y mataban
a ellos y a sus familias.

Ahora, no vemos a quienes nos arrebatan toda la belleza.
Ni siquiera vemos nuestras sombras durante el día.
Los F-16 se tragan la luz del sol, proyectando las sombras
de sus gruesas panzas sobre nosotros, vivos o muertos.

Las bombas golpean las casas, las derriban, destrozan
frigoríficos y platos. Una casa se convierte
en un guiso de cemento y sangre.

Ya no compartimos las comidas con los vecinos.

NOSOTROS Y ELLOS

Quiero construir mi casa en un columpio.
No quiero caminar sobre esta tierra.

Les hablo del bombardeo de las casas
de cuerpos
despedazados
en
trozos
diminutos,
de un cielo estridente y
un suelo SísMiCo.

Y ellos,
ellos me hablan de su preocupación por las florecitas
sin regar desde hace horas,
por un canario afligido en su jaula,
por el programa de televisión que se perderán esta noche.

Les duelen los oídos al oír las sirenas,
a nosotros nos ensordecen las explosiones.

Sus músculos se tensan de miedo camino del refugio,
a los nuestros los perfora la metralla ardiente.

EL SILENCIO DEL AGUA

padre escribiendo en un teclado
madre leyendo el diario de la mañana en voz alta
para tapar el sonido de la radio de un vecino
la brisa que entra por una ventana rota mece la lámpara
del techo que a veces
vuela
perdiendo el equilibrio
fotos en blanco y negro en las paredes, buscando colores
el hervidor
encima de
la estufa
una enorme gota martillea el tejado
sin relámpagos, truenos ni nubes
llueve solo sobre esta casa
polvo y cemento
taponan las narices de las otras casas
el agua
sobre
la estufa
ya no hierve
la metralla le ha segado la garganta.

EN LA ORILLA DEL MAR DE GAZA

Me convenzo de que una palmera nunca se inclina,
ni se pudren sus dátiles.
Imagino el cielo ocupado solo por pájaros
y abultadas nubes.
Camino solo por la playa sin temor a empaparme
con las olas frías, silentes.

Si me encuentras dormido, ten la certeza de que estoy
o soñando con rosas y palomas o contemplando el abismo
debajo de mí.
Me vestiré con mi mejor traje e iré al muelle,
aunque sé que ningún barco está por llegar.
Tengo la esperanza de que volarás hasta mí
con tus alas incansables.
Recogeré caracolas y guijarros para construir una casa
en la playa para nosotros hasta que vengas.
No sé cuántas casas habré construido
antes de que tú llegues.
Me temo que habré reconstruido Gaza para entonces.

LA METRALLA BUSCA LA RISA

La casa bombardeada. Todos han muerto:
los niños, los padres, los juguetes, los actores de televisión,
los personajes de las novelas y los libros de poesía,
«yo», «él» y «ella». No quedan pronombres. Ni siquiera
para los niños cuando aprendan las oraciones
el próximo año. La metralla vuela en la oscuridad,
busca las risas de la familia,
ocultas tras montones de muros
desfigurados y marcos sangrantes. La radio
ya no habla. Se han quemado las pilas,
la antena está rota.
Hasta el locutor sintió dolor cuando la radio
fue alcanzada. Hasta nosotros, al oír la bomba
mientras caía, nos arrojamos
al suelo,
cada uno contando a los de alrededor.
Estábamos a salvo, pero el corazón
nos duele todavía.

UNA VOZ DE ABAJO

Quiero ahogarme en el silencio de la ausencia,
llenar mis bolsillos con poemas
y lanzarme a un río perezoso.

Una voz lejana me llama para construir una habitación
de paja y barro,
izar una bandera negra en la noche,
tocar el piano para el búho que pasa.

Una voz desde abajo sacude mi escritorio—
la tinta se derrama en mis pantalones soñolientos.
Me golpea los dedos y me corta la respiración. Me pide
que deje de escribir poemas tan duros,
poemas con bombas y cadáveres,
casas destruidas y calles cubiertas de metralla,
no sea que las palabras tropiecen y se caigan en
                                    charcos sangrientos.

Esa voz se lleva mi voz.
Estruja las páginas de mi poesía, las arranca
de mi cabeza. La sangre baña mi cabello rizado.
Mi escritorio se torna rojo carmesí.
Los gritos colman las grietas de la pared
y los socavones de las carreteras sin nombre.

SIETE DEDOS

Cada vez que conoce a gente nueva, hunde
sus delicadas manos en los bolsillos de sus vaqueros,
las mueve
como si estuviera contando
unas monedas. (Acaba de perder
siete dedos en la guerra). Luego
se aleja,
espalda encorvada,
menuda como una enana.

SE FUERON CON LA PÓLVORA

Aunque la tierra sea estéril, eso no significa
que antes no crecieran árboles.
Aunque las flores no broten, la primavera
nunca deja de venir.
Nuestras casas llegaban a la altura de nuestros cipreses.
Alumbrábamos nuestras farolas con aceite de oliva.
Nuestras casas ya no están:

     Se fueron con la
pólvora,

     el viento de
muerte, sembrado
bajo la tierra cálida.
Los pasos de los niños, el vapor del té
de la taza de la abuela, el humo del cigarrillo
del abuelo, volaron hacia las nubes negras, sin mirar
atrás.
El ruido los arrastró del cuello.

     Puedes preguntar al sol.

     Lo vio todo.

Quiso detenerse,

Detener a los actores en el escenario.

Mas su cuello estaba atado a una soga.

Y los villanos,
ellos representaron su papel
incluso terminada la función.
Y yo, yo no tengo nada.
Solo escribo lo que puedo oír
del eco de aquel ruido,
mientras de vez en cuando mi cuello se estira
hacia nuestras casas distantes,
confiado en que estaré contemplando sus semillas
cuando broten.

SONETO PALESTINO

a modo de Wanda Coleman

Atrapado por los ecos de palabras reprimidas,
les entrego mi memoria mientras huyo al laberinto.
Veo señales
instándome a retroceder cada vez que intento explorar.
Cada día que entro en el laberinto, cierro los oídos,
pero los gritos de los susurros sofocados
paralizan mi sombra.

Las letras se deslizan de mi boca
hacia un río helado,
rompen el reflejo del vapor
que emana de las nubes al deshacerse.

El castañeteo de las frías gotas de lluvia
ahoga mi silencio palpitante.

No soy yo quien intenta caminar por el laberinto.
Mi cordón umbilical marchito intenta arrastrarme
hacia el lecho de mi madre enferma
antes de que lo corten en medio de la nada.

IBRAHIM ABU LUGHOD Y SU HERMANO EN YAFFA

Los dos caminan por la playa,
descalzos.

Con su delicado
dedo índice,
Ibrahim empieza a dibujar
un mapa
de lo que
había sido
su casa.

«No, Ibrahim, la cocina
está un poco más al norte.
Jo, ¡no te pares en ese rincón!
Papá dormía allí en el sofá».

Los niños turistas corren
volando cometas.
Las olas baten
la playa
bajo el manto de un cielo gris.

La mezquita en el collado
llama
a la oración.

Ibrahim y su hermano
aún debaten dónde estaba su cocina.
Los dos se sientan en la arena. Ibrahim
saca un mechero, desearía preparar té en su cocina
para todos en la playa.
Ibrahim levanta la vista hacia lo que una vez fue la ventana.
Ya no crece la menta.

EL DESIERTO Y EL EXILIO

a los Hombres bajo el Sol

¿Qué es lo más vasto de la noche, el desierto o la oscuridad?
¿Qué pesa más sobre la arena, vuestros pies o vuestro miedo?
¿Por qué no golpeáis las paredes del depósito de agua?
¿Acaso el sueño os amordaza las bocas con sus amarras?

Oigo el sonido de las ruedas sobre la arena
que levanta el viento y el corazón palpitante del silencio.
El conductor pierde el mapa y os lleva
a la tierra donde seréis
enterrados.
Mas todas las plegarias y anécdotas que compartisteis
serán escuchadas por el espejismo del desierto del exilio
y por los huesos de camellos y caballos muertos
cuyos jinetes yacen bajo sendas desvaídas.

A MAHMUD DARWISH

Cierra los ojos con fuerza, sus gafas en la mesilla.
Papel y lápiz descansan bajo su almohada bordada
esperando que la musa lo requiera.

Me cuenta que una vez se vio flotando en una nube blanca
rodeada de luz por encima y por abajo.
No necesitó las gafas para leer el remoto cartel
bajo la luna.

Le pregunto por qué ha venido para este largo viaje.
Responde, «para regresar en unas horas».

«¿Sabes por qué nací?», pregunta.
«Para vivir unos años y morir».

Sube al Monte Carmelo en Akka y regresa a nuestra mesa
en la playa.

«Subí la montaña solo para regresar a la mesa».

Sorbe el café amargo y se mira en el espejo.
«No me gusta cómo salgo en televisión».
«Eso es puro narcisismo», susurra un amigo.

«¡Eres un bastardo!», grita Mahmud.

«No tengo miedo a la muerte. Estoy preparado pero
 no estoy esperándola».

Detesta esperar.

Pregunta a la muerte si podría aguardar hasta que acabe
                         de escribir su nuevo poema.
Se mira al espejo y pone en la solapa
una rosa recién cortada para el largo viaje que se avecina.

A GHASSAN KANAFANI

Nunca pensé que volver a Haifa
desembocaría en un camino sangriento.
Los lagos no contenían agua,
sino minas.

Cuando abriste la puerta del coche,
no era la puerta de la casa de Said.
Miriam, la vieja polaca judía,
no se dejó ver para permitirle entrar
a tu casa robada.
La muerte os engulló a ti y a Lamís
hacia su valle abisal.

La metralla fue el tatuaje
que marcó vuestros cuerpos
para el gueto
de los Difuntos.

EDWARD SAID, NOAM CHOMSKY Y THEODORE ADORNO EN GAZA

De puntillas el polvo ovaciona
después de la explosión.

La luz golpea la tierra helada,
se desvanece en los socavones de la ciudad.

Edward Said está descolocado
otra vez:
sus libros se caen de mis estantes
sobre el cristal roto de la ventana.

                Palestina también está descolocada:
     el mapa

  se cae de la pared.

El exilio de Edward vuelve a sangrar por las guerras,
por la prolongada separación.

Chomsky, de modo innato, repara
las palabras heridas
aplicando vendas
de su kit de Gramática Universal.

Adorno intenta estudiar la música
de la bomba que cae
y de los vidrios rotos.

Pero las palabras que se escapan de los libros
le confunden la vista y la mente:
el polvo cubre sus gafas,
la partitura musical yace sin aliento
junto a sus pies temblorosos.

DESTIERRO

In memoriam Edward Said

No estoy ni dentro ni fuera.
Estoy en el medio.
No soy parte de nada.
Soy una sombra de algo. Como mucho,
soy algo que
en verdad no
existe.
Soy ingrávido,
una partícula de tiempo
en Gaza.
Mas permaneceré
donde estoy.

A IBRAHIM KILANI

Jerusalén no sabía que viniste no para visitarla,
no para ver y saludar sus mezquitas e iglesias,
no para oler el tomillo y la salvia en sus callejuelas,
no para probar el pan recién horneado,
no para acariciar sus olivos,
sino para que viera tu alma salir
por los diminutos huecos de sus muros antiguos.

LAS HERIDAS

Agresión israelí contra Gaza (27 de diciembre de 2008-18 de enero de 2009)

Sábado, primer día de la semana en Gaza.

Con dieciséis años, después de los primeros finales,

terminé el examen de árabe. Me gustaba el árabe,

tanto como el inglés y el fútbol.

Comenté mis respuestas con mi padre.

En casa, al mediodía, subimos al tejado para mirar

las palomas que mi padre criaba como pasatiempo.

La bóveda infinita sobre nosotros era azul y blanca.

Barcos de nubes surcaban lentamente un cielo en calma.

Una serie de explosiones sacudieron la casa, el vecindario,

sacudieron la tierra,

las palabras cayeron de mi boca, rompiéndose en mis pies

descalzos y rígidos.

Pájaros surgidos de la nada volaron sin rumbo por el

ancho cielo.

Algunos se escondieron en los árboles.

Las palomas temblaron en el palomar.

Palomas torcaces, palomas egipcias, palomas reales,

y palomas halabi.

Cayó un huevo diminuto.

Mis respuestas deben de haberse caído de las hojas del examen,
tal vez derretidas de miedo.

Vi salir humo negro de un edificio a pocos kilómetros,
mas negro que la tinta de los folios de mi examen.

No oímos a los F-16 hasta que terminaron de
                                    bombardear.
Descendieron del infierno. Dante no los había mencionado.

Alrededor de ochenta F-16 bombardearon Gaza al unísono,
como un redoble anunciando la muerte de alguien.
Pero pensé que era más de una muerte, tenía que serlo.
Corrimos a la radio, esa vieja caja sucia
que a menudo vomita
sangre y cuerpos despedazados en nuestros oídos,
hospitales llenos de heridas y quemaduras,
gemidos, un cadáver, y una niña que ha perdido una pierna
tirada sobre un catre
o sobre el suelo ensangrentado.

Más de doscientos policías muertos y setecientos heridos
en aquella hora funesta. Estaban entrenándose en la academia
                                    de policía.

Y más de dos millones de personas
temiendo por sus vidas.

(No pienses en nosotros como si fuéramos números).

Era el primer día del año
cuando Israel atacó un barrio del campo de Jabalia.
Asesinaron a un líder de Hamás llamado Nizar Rayyan.
Quedó sepultado bajo los escombros de su casa
con quince más de su familia,
la mayoría hijos suyos, el más pequeño de dos años.
En televisión, vi a un hombre sacando a un niño decapitado,
a otro sin un brazo o una pierna. Tan pequeño
que no pude ver si era niño o niña.
El odio ignora esos detalles.

Las casas no eran Hamás.
Los niños no eran Hamás.
Su ropa y sus juguetes no eran Hamás.
El barrio no era Hamás.
El aire no era Hamás.
Nuestros oídos no eran Hamás.
Nuestros ojos no eran Hamás.
El que ordenó la matanza,
el que apretó el botón pensó
solo en Hamás.

Mi hermano Hudayfah nació
sordomudo.
Nunca tuvo un desarrollo físico o cognitivo normal.
Pero, emocionalmente, estaba bien.
No lo sabíamos.

Estaba viendo la televisión con nosotros cuando en la
pantalla aparecieron imágenes
de cuerpos desfigurados y gente sin extremidades.
A los dos días, Hudayfah sufrió un trauma
interno, en un lugar que no podíamos ver.
Le dimos un vaso de agua, lo tiró al suelo.
Rompió platos, arrancó el cable de la televisión,
se mordió la ropa.
Lloramos por él. Rezamos por él.

Días más tarde, volvió a nosotros.
Durante la octava mañana del ataque israelí,
entraron los tanques, y oí disparos.
Miré por la ventana del cuarto de estar.
(El cuarto de estar ya no era de estar).
Vi un tanque sobre una colina cerca de mi colegio.
Un buldócer levantaba terraplenes de arena
para que tanques y soldados se escondieran detrás.
Nosotros no teníamos dónde escondernos.
No nos atrevíamos a encender la luz
ni a subir a dar de comer a las palomas

ni a regar las plantas del jardín.

Nuestros vecinos dijeron que podíamos quedarnos con ellos.
Tenían un sótano, más seguro que nuestra casa.
Llevamos algo de ropa y comida y libros
y la radio.

Los israelíes disparaban a discreción junto a nuestro barrio.
Los padres pensaron que no era seguro quedarse.

Horas después,
regresamos a casa a toda prisa para meter más ropa
                              en bolsas de plástico.
Mi padre dijo que iríamos caminando a casa de nuestra tía
                              en Sheij Radwan.
Nos preparamos para una caminata de cuarenta minu-
tos.
Fue como si camináramos durante eones. Estábamos vivos
                              y muertos.

La muerte se cernía sobre nosotros:

los helicópteros Apache, los F-16, y el zumbido de los
                              drones.

No vimos a nadie. Solo casas solitarias y arena inmóvil.
Vi algunos árboles, las hojas verdes comenzaban a palidecer.

A doscientos metros de nuestra casa,
vi un Mercedes amarillo en medio de la carretera,
nada se movía alrededor.
Llevaba algunas bombonas de gas y sacos de harina
en la baca y el maletero.
Una bomba israelí había matado al conductor
                                y a otros pasajeros.
El hermano de mi amigo era uno de ellos.
Mohammad Abu El-Jidyan.
Edad: 18 años.
Otros transeúntes estaban heridos cerca del coche.

Las bombonas habían estallado, y la harina de trigo
estaba esparcida por el suelo.
Pan recién horneado con roja sangre caliente
y arena por levadura.

A su lado, una ambulancia parada,
el paramédico muerto.
Arafah Abdel-Dayem
fue mi profesor de ciencias en cuarto curso.
Vi restos de sangre y de su cabellera
junto a las ruedas de la ambulancia.
Me contaron luego que se dirigía a ayudar a los heridos
en el ataque al Mercedes amarillo.

Los israelíes habían usado una bomba de clavos.

De niño, nunca supe que los clavos podían matar gente.

Creía que solo se usaban en la construcción.

Qué engañado estaba.

Mi profesor de ciencias nunca nos enseñó cómo funciona
una bomba de clavos.

No entraba en su asignatura.

Mi pobre profesor, nadie vino a rescatarlo.

Querido profesor, ¿sabías que después de tu entierro,

los israelíes mataron a cinco familiares tuyos en el cementerio?

Al parecer, no les gustó como te enterraron

y esperaban que tu familia mejorara con la práctica.

En ese mismo ataque a la ambulancia, asesinaron a mi nuevo
vecino.

Ghassan Abul-Amrin,

de apenas veinte años.

(Ahora soy mayor que él entonces).

Ghassan había ido a comprar pan para su madre.

No regresó a casa. La familia se preocupó

y puso la radio para ver si anunciaban su nombre.

Es así como nos enteramos de nuestros muertos.

Un secretario del hospital que conocía a la familia llamó
esa noche.

Les habló de un joven sin identificar
en la morgue, se preguntaba si era Ghassan.
Llegó la noticia de la muerte de Ghassan,
él no.

Saja, mi hermana de tres años, iba conmigo cuando nos
fuimos.
Me agarraba fuerte de la mano.
Mis padres y hermanos caminaban detrás.
No nos atrevíamos a mirar hacia atrás para verlos.
Entonces yo tenía siete hermanos.

No nos atrevíamos a mirar hacia atrás y contarlos:
¿y si se convertían en menos?
Algunas balas llovieron cerca de nuestros pies. Los tanques
israelíes esperaban a lo lejos en una colina.
Pero para ellos, con miras telescópicas y munición,
estábamos muy cerca.

Antes de marcharnos, mi padre soltó las gallinas
para que comieran en el jardín hasta que regresáramos.

También dejó libres las palomas.
Estaba seguro de que regresarían cuando volviéramos.

Es enero en casa de nuestra tía

y en un día sagrado de ayuno. Mi madre me da 5 séqueles
para comprar huevos y pan para el desayuno
de mis hermanitas. Me pongo mis zapatillas negras.
Guardo la moneda en el bolsillo delantero de la sudadera.
No estoy contento. No me gusta ayunar.

Dieciséis recién cumplidos,
voy camino del colmado
a comprar esos malditos huevos.
Me encantan los huevos cocidos.

Veo una muchedumbre
juntándose en el cruce. Siento curiosidad
y me acerco caminando hacia ellos.
Como no soy alto, no puedo ver entre la multitud.

Impacta una luz amarilla.
Tengo la cabeza medio abierta,
de algún modo así lo siento.
La luz quizá me ayude a ver mejor, me digo a mí mismo.

La sangre gotea sobre las pestañas y la sudadera.
En los pocos instantes que estoy allí, me pregunto:
¿cómo puedes seguir de pie con la cabeza abierta?

A mi alrededor todos se han desplomado,

han caído como gotas de sudor.

Yo sigo de pie. La imagen frente a mí se congela.

El olor de la pólvora repta hasta mis pulmones.

Como un loco, empiezo a correr.
Alguien me da un pañuelo para limpiarme la sangre
de la mejilla izquierda y la frente.
Necesito mucho más que eso.
No son solo las mejillas y la frente.
La metralla me ha perforado el cuello,
y el hombro.

Ya no llevo las zapatillas, los 5 séqueles
han desaparecido.
Miro alrededor. La gente corre hacia nosotros.

Un vehículo se acerca. «Ambulancia» dice.
Pero no hay paramédico, ni camilla, ni primeros auxilios.

Vamos, es la primera vez que me hieren.
Me subo. Alguien arroja un cadáver a mi lado.
El cuerpo está quemado, tal vez decapitado. No lo miro.
El hedor es insoportable. Lo siento mucho, quienquiera
que seas.

El olor de la muerte.

Abro la ventanilla para que entre aire fresco.
El conductor de la ambulancia no me pregunta cómo estoy.

En el hospital Al-Shifa, la gente entra y sale.
Camino hasta la sala de urgencias. Nadie me mira.
Me siento en el suelo junto a otros heridos.
Algunos yacen como fósforos quemados.

Una enfermera me examina el agujero del cuello
y las heridas de la cara.
Me palpa el vientre y la espalda para ver
si hay alguna herida que no puedo sentir.

Me suben en camilla en el ascensor
a la sala de radiología.
Un médico se ocupa de mis heridas.
Alguien está cuidándome.

Pasa una hora. Entran mi padre y mi hermano.

Mi hermano señala el agujero en el cuello.
«El dedo índice te cabría en ese agujero.
Está a unos centímetros de la tráquea».

Si al caer el proyectil, hubiera movido la cabeza un poco

para mirar un pájaro en un árbol o para contar
las nubes que venían del oeste,
la metralla podría haberme segado la garganta.
No habría podido casarme con mi mujer,
ni sería padre de tres hijos, uno nacido en América.

Mi hermano me dice:
«Al oír la explosión y en vista de que no
regresabas, pensamos que habías muerto.
Empezamos buscándote en la morgue».

Miro a mi alrededor, mi familia rodea el lecho.
Los observo mientras hablan. Los imagino rezando
en torno a mi féretro.

A MI ENTREVISTADOR PARA EL VISADO

¿A cuál de mis yoes piensas entrevistar?
Soy muchos, a algunos ni siquiera los conozco.
¿Necesitas entrevistar a mi ropa, mis libros,
mi dentífrico, mi peine?
¿Los pañales y toallitas de mi bebé?
¿La comida todavía sin digerir en mi vientre?
Encontrará la salida
antes de que yo obtenga el visado.

Habrá viajado antes que yo.

Preguntarás por los nombres de mis hermanos
y hermanas.
Algunos han muerto. ¿Necesitarás sus nombres?
¿Piensas resucitarlos?
No me sé todas las fechas de su nacimiento.
Solo recuerdo la fecha de defunción
de mi hermano menor.
Murió el 14 de octubre de 2016.

Preguntarás todas las direcciones donde he vivido
en los últimos diez años.
Vivíamos en el norte de Gaza.

Fuimos desplazados con cada ataque israelí,
vivimos en una escuela de la UNRWA, la casa de mi tía,
o en la calle.

Preguntarás por todos los correos electrónicos y los nú-
meros de teléfono utilizados en los últimos cinco años.
Solo los utilicé cuando había electricidad

y cuando había alguien para responder.
Perdí a tres queridos amigos en 2014: Ezzat, Ammar
e Ismael.

Me preguntarás por mi sitio web.
No soy una araña, y mi sitio es dondequiera
que crezca una rosa,
dondequiera que las nubes proyecten su sombra
sobre las casas sin tejado,
dondequiera que no caiga una bomba,
dondequiera que un niño no confunda una nube
con el humo de una bomba.

CUADERNO

Camino con cuidado por la playa,
para ver si por delante hay huellas de un niño,
un niño que ha perdido una pierna, o ambas,
o ya no puede oír las olas.

        *
*   *
*   *
*

Este ángel de la muerte despedazó mi cuerpo
y me arrebató el alma. Me
dejó tirado allí en el suelo ensangrentado,
los dedos apoyados en la ventana rota de un vecino.
No miró hacia atrás para ver si yo sonreía o lloraba,
o si mi boca todavía estaba intacta.
Solo quería mi alma.
Mi familia estaba fuera buscando mi cuerpo.

        *
*   *
*   *
*

Durante los ataques aéreos nocturnos, todos
nos convertimos en piedras.

            *

*   *

*   *

*

Cuando oigo la explosión, puedo oler la arena, arena
que vuela
en suspenso a través del aire
y se deposita en el alféizar de mi ventana.

Oigo al perrito que ladra cuando se agitan las ramas
de un almendro.
Cree que es un ave que intenta asustarlo. ¿Es hora de
jugar?

El polvo espeso que cae sobre el árbol y el perro, y entra
por mi ventana,
aclara la confusión.

            *

*   *

*   *

*

Apago la luz por la noche para que los F-16
y sus bombas no me alcancen,
para que el polvo no corra a cubrir mi ropa nueva,
para que las balas no alcancen mis hombros
cuando atraviesen el aire desollado.

         *
*   *
*   *
*

Bajé por el camino y vi un árbol.
Escribí un poema sobre sus ramas esbeltas y vívidas hojas,
desde su nido un petirrojo mira a un bebé
en un cochecito, la madre subiéndose las mangas.

Al día siguiente, bajé y no encontré allí el árbol.
Fui corriendo a mi habitación, busqué el poema en
                                    el cuaderno.
La hoja estaba arrancada.

Vuelvo al camino.
No está el árbol.
Regreso a la habitación.
El cuaderno ya no está.

Me miro en el espejo

y veo mi espectro cuando era más joven.
Me agacho a recoger la pluma del suelo.
El espejo me sigue
y se hace añicos en mi cabeza.
Me despierto.

            *
*   *
*   *
*

Las gotas de lluvia caen en la sartén
por un agujero en el techo de hojalata.

            *
*   *
*   *
*

Dejamos la casa,
nos llevamos dos mantas,
una almohada y el eco
de la radio con nosotros.

```
        *
*       *
*       *
*
```

¿Por qué será que, cuando sueño con Palestina,
la veo en blanco y negro?

```
        *
*       *
*       *
*
```

La gente dice que el que calla otorga.
¿Y si no se me permite hablar,
me cortan la lengua,
y me cosen los labios para cerrarlos?

```
        *
*       *
*       *
*
```

Hasta las plumas quisieron escribir lo que oyeron,
lo que las estremeció cuando sesteaban
a primera hora de la tarde.

```
        *
*       *
*       *
*
```

La tumba desbordaba de arena
y de las oraciones y las historias que contaban quienes
por allí pasaban.

```
        *
*       *
*       *
*
```

Hace tanto tiempo que no me abandona el ruido
que he estado buscando una grabación
del silencio para escucharla con mis viejos auriculares.

UN NIÑO Y SU TELESCOPIO

Surca el cielo un gran avión blanco.
El niño intenta ver a los pasajeros,
a través de su telescopio.

Cruza una bandada de aves migratorias,
sopla un viento fuerte,
pasa un banco de nubes,
ya no está el avión.

Cerca de la valla
el niño no necesita un telescopio
para ver los aviones suspendidos en el aire.
Puede ver los explosivos,
las cámaras.

Ruge un fiero vendaval.
El niño oye
el zumbido del dron.
Gruesas nubes cubren el cielo.
Se ennegrecen
al mezclarse con el humo
de neumáticos ardiendo.

Hilos de sol
cuelgan en el aire.
Las mariposas revolotean entre ellos
como los dedos
de un joven guitarrista
pulsando las cuerdas.

LAS COSAS QUE TAL VEZ HALLES OCULTAS EN MI OÍDO

a Alicia M. Quesnel, M.D.

I

Cuando me abras el oído, tócalo
con suavidad.
La voz de mi madre se conserva en algún rincón.
Su voz es el eco que me ayuda a recuperar el equilibrio
cuando siento vértigo.

Puede que encuentres canciones en árabe,
poemas en inglés que me recito a mí mismo,
o una canción que canto a los pájaros que trinan en
                                    nuestro patio.

Cuando cosas la herida, no olvides volver a ponerlo
                                    todo en mi oído.
Coloca todo en orden, como harías con los libros en
                                    tu estantería.

II

El zumbido de un dron,
el rugido de un F-16,
los alaridos de las bombas al caer sobre las casas,

los campos y los cuerpos,
los misiles volando—
sácalos a todos de mi diminuto canal auditivo.

Rocía el perfume de tus sonrisas en la incisión.
Inyecta en mis venas el canto de la vida para despertarme.
Toca el tambor con sutileza para que mi mente pueda bailar
junto a la tuya
día y noche, doctora mía.

MOSAB

Mi padre me dio un nombre difícil.
Contiene dos letras inexistentes en inglés.

Mi padre no sabía que yo iba a tener
amigos que hablaran inglés
siempre preguntando cómo se pronuncia mi nombre,
o tratando de evitar decirlo.

Pero, papá, me gusta oír cuando otros me nombran,
sobre todo los amigos.

Es que hasta la raíz de mi nombre significa difícil.
Un camello calificado de Mosab
es uno difícil de montar y guiar.

Pero yo no soy difícil para nada.
Me desnudaré y te mostraré
mis hombros, cómo el polvo se ha depositado en ellos,
mi pecho, cómo las lágrimas han mojado su fina piel,
mi espalda, cómo ha palidecido con el sudor,
mi vientre, cómo el vello ha cubierto el ombligo
por donde mi madre me alimentaba antes de nacer.

El mismo lugar, dicen, que el ángel de la muerte
perforará para llevarse mi alma.

Y ahora, por la noche, a mi hijo le duele la cabeza
cuando la apoya sobre mi vientre.

Y la ropa, la siento holgada,
mientras otros la ven ajustada.

Cuando llama alguien de la compañía de seguros
y pronuncia mi nombre en inglés,
veo al ángel de la muerte en el espejo,
con ojos que me observan
desmoronándome en esta tierra extranjera.

MEMORIZA TU SUEÑO

Cierra los ojos
y
camina por el océano.

Sumerge las manos
en el agua
y
atrapa las palabras de tu poema.

Escribe las palabras
en las nubes.
No te preocupes, encontrarán
su tierra.

Abre los ojos.
Por la noche,
el mar ya no es azul.

Mira alrededor, y de las gotas
de lluvia
que caen,
elige los signos de puntuación.

Ponte el bañador,
bucea hacia lo más hondo
y busca un título
para tu epopeya.

Embárcate en tu
patria en movimiento—
tu barco.

Vete a la cama,
y, mientras duermes,
empieza a memorizar
tu sueño.

SIN HOGAR PARA SIEMPRE

Antes del arduo viaje, hago
las maletas, las lleno
con arena de nuestra tierra,
el aroma de la cocina de mi madre
y el sonido mañanero de los pájaros.

Y en los bolsillos, guardo la rosa
de los vientos. Mis manos son la brújula.

En el aeropuerto, ruego al oficial
que no abra las maletas
y, de ser necesario, trate mi ropa
con cuidado.
De lo contrario, estaría parado sobre la nada,
rodeado de nada,
sin ver nada,
ingrávido,
y para siempre sin hogar.

UNA ROSA RESISTE

Nunca te sorprendas
si ves a una rosa que resiste
entre las ruinas de la casa:
Así es como sobrevivimos.

Mosab Abu Toha
Entrevista con Ammiel Alcalay

¿Dónde naciste y te criaste?

Nací en un campamento de refugiados llamado al-Shati, que significa el campamento de la Playa, al oeste de la ciudad de Gaza. Mi padre nació allí también, y mi madre nació en Jabalia, el mayor campamento de refugiados en Gaza y el mundo. Vivimos en al-Shati, el tercero más grande de los que hay en la Franja de Gaza, hasta que cumplí nueve años.

En el año 2000, al comenzar la Segunda Intifada, nos mudamos a la ciudad de Beit Lahia, una ciudad fronteriza. Desde mi ventana, puedo ver lo que fueron los asentamientos antes de que Israel los desmantelara en 2005. Desde nuestra casa también puedo ver la ciudad israelí de Ascalón, que antes de 1948 se llamaba al-Majdal Asqalan

¿Qué orden de nacimiento y lugar ocupas en tu familia?

Soy el tercero. Hubiera sido el cuarto, pero mi hermano mayor, que iba a llamarse Muhammad, murió cuando era muy pequeño. También hubo una niña que estaba enferma y falleció. Y después mi hermano Hudayfa, que murió hace unos años. Habríamos sido diez, pero somos siete.

Y tus abuelos, ¿vivían cerca cuando estabas creciendo?

En mis poemas, cuando hablo de mi abuelo, siempre se trata del abuelo por parte de padre. Hablo de algo que perdí, incluso antes de poder saberlo. Mi abuelo paterno falleció en 1986, un año antes de que mi padre se casara, así que nunca tuve la oportunidad de conocerlo. Cuando en 1948 se vieron obligados a abandonar su hogar en Yaffa, mi abuelo y sus hermanos, junto a su anciano padre, se trasladaron en camiones hacia el sur a lo largo de la carretera marítima y se establecieron en al-Shati, donde permanecieron. Los que quedan de esa parte de la familia todavía viven en al-Shati. Nunca tuve la oportunidad de conocer a mi abuelo, que se llamaba Hassan, y no sé dónde está su tumba.

Y luego estaba mi abuela por parte de padre, que se llamaba Jadra. Jadra murió cuando yo tenía ocho años. Solo me acuerdo de ella fumando, sentada en el viejo umbral de la puerta de su casita, y cada vez que veníamos los niños, nos ahuyentaba: «¡Largaos, largaos!».

No me crie en la casa de mis abuelos. Mi padre, al casarse, tuvo que buscar un sitio para vivir con su joven esposa. Nuestra situación fue distinta a la de muchas personas de mi edad que todavía se criaron en un hogar con varias generaciones.

Y por parte de tu madre, ¿también eran de Yaffa?

Sí, mi abuelo materno aún vive. Mi abuela falleció mientras daba a luz a uno de mis tíos. Era muy joven. Mi madre, cuando todavía era una niña —e incluso después de casarse— solía cuidar a sus hermanos menores, así que es como una madre para ellos. Mi abuelo todavía vive en Jabalia. Cuando pienso en un campamento típico de refugiados, recuerdo la casa de mi abuelo y las calles estrechas, donde únicamente puedes caminar en fila india; dos personas no pueden caminar una al lado de la otra.

¿Cómo te transmitieron el recuerdo de tus raíces familiares en Yaffa?

Aunque mi padre nació en al-Shati en 1962, él fue quien me transmitió esos recuerdos. Yo siempre le preguntaba: «Papá, ¿puedes hablarme de mi abuelo Hassan?». Le rogaba: «¿Puedes decirme cómo eran sus ojos? ¿Su pelo? ¿Cómo vestía? ¿En qué trabajaba?». Solo tengo dos fotografías suyas y es una especie de misterio para mí. Y me doy cuenta de que esto es como el resto de Palestina fuera de Gaza: algo de lo que oigo hablar, pero que no puedo ni ver ni tocar en persona.

En 1967, tres de los hermanos de mi abuelo se mudaron a países árabes, uno a Egipto, otro a Jordania y otro a Arabia Saudí. Mi abuelo se quedó en al-Shati, junto con su padre y otro hermano, y los tres fueron enterrados aquí en Gaza. Los tres que se fueron no pudieron regresar porque, como tantos otros, no podían probar su identidad palestina.

Aunque todos tenemos historias muy diferentes, como palestinos las historias se parecen en muchos aspectos. Pienso que es como si estuviéramos viviendo dentro de una sepultura: no estamos muertos, nos ocupamos de nuestros asuntos cotidianos, pero en una tumba. Estamos viviendo una muerte en vida. Sé que es contradictorio.

Durante el último gran ataque israelí en mayo de 2021, hablamos de tu hija pequeña: estaba muy asustada por las bombas, pero nunca preguntó quién estaba bombardeando. En otras palabras, para ella, los bombardeos sencillamente formaban parte de la realidad. ¿Puedes describir de alguna manera cómo llegaste a comprender tu situación y la de tu familia según ibas haciéndote mayor?

En primer lugar, nunca me di cuenta de que había nacido en un campo de refugiados porque ese era mi mundo. Es decir, un pez no pregunta: ¿por qué no caminamos por la calle y vamos de compras? Un pez no le pregunta a su madre por qué un tiburón corre tras ellos. ¿Qué quiere? ¿Por qué quiere comernos? Un pez no dice: está bien, madre, ¿por qué no somos nosotros los que vamos tras el tiburón? O sea, estas preguntas existenciales no se hacen, y no sé por qué. Ni siquiera estoy seguro de cómo llegamos a comprender estos asuntos. Nací en 1992, y creo que la primera vez que me di cuenta de que, en cierto modo, estábamos en una situación peligrosa fue en el año 2000, cuando los israelíes atacaron un rascacielos en el barrio de al-Nassar. Yo estaba en la calle comprando para la cena. Y entonces vi un helicóptero Apache disparar un misil contra un edificio.

¿Tenías unos ocho años?

Sí, y no era consciente de si debía tener miedo o no. No sabía qué hacía ese helicóptero. Quiero decir, no entendía lo que estaba pasando. Fue entonces cuando vi en la tele a una multitud cargando un féretro, cantando y expresando su enojo. Era una manifestación, y lo primero que vi, según me enteré después, fue a Muhammad al-Durrah sobre los hombros de miles de personas en la calle. Y me eché a llorar. No estoy seguro de por qué, pero ver a un niño que tiene tu misma edad, incapaz de moverse, y toda esta gente —¿por qué lo llevan así?

Esa fue la historia trágica del niño Muhammad al-Durrah, a quien su padre protegía cuando los atrapó el fuego cruzado durante el segundo día de la Segunda Intifada el año 2000. El niño recibió un disparo, cayendo al lado de su padre, y esas imágenes dieron la vuelta al mundo.

Comencé a llorar. Era y sigo siendo muy sensible cuando veo a la gente sufriendo o mutilada, o al ver sangre. Al momento me echo a llorar.

Cuando nos mudamos a Bet Lahia, no había ventanas, solo tapamos con plásticos los huecos donde deberían haber estado. En 2004, cuando tenía doce años, fue la primera vez que noté el movimiento de los tanques israelíes a unos pocos cientos de metros de nuestra casa. No sabíamos si debíamos quedarnos callados: ¿y si nos oyen? Cuando estás en peligro, te imaginas que eres el único objetivo en el planeta Tierra. Esta es una sensación muy extraña, y no todos pueden entenderlo porque, como sabes, no todo el mundo ha vivido en medio de una lucha armada. Incluso en este último ataque, dondequiera que te halles durante la agresión, crees que los israelíes solo están mirándote a ti. Si estás en la calle, incluso en tu casa, crees que están observándote a ti en particular. Este es el miedo, la amenaza de saber que te pueden bombardear en cualquier momento.

¿Dónde comenzaste a descubrir la poesía?

La poesía siempre ha formado parte de nuestro currículo en Palestina. Me refiero a la poesía árabe, a referentes históricos como Antarah ibn-Shaddad, Imru al-Qays, Abu al-Atahiya, Abu Tamman, al-Mutanabbi, Abu Nuwas, y luego modernos como Ahmed Shawqi, Nizar Qabbani, Samih al-Qasim y Mahmud Darwish, por supuesto. Así que siempre hemos estado leyendo a estos poetas. Prácticamente todo lo que leíamos estaba en estilo clásico, pero nunca me propuse dominar las estructuras clásicas de la poesía. Cuando pienso en la poesía no pienso en la poesía árabe, ni en la poesía inglesa, ni en la poesía española. No, solo pienso en la poesía como una idea, no como una forma rígida que necesito seguir. La palabra poesía en árabe, *sh'air,* no se refiere a una forma en particular, solo tiene que ver con el sentimiento. Así que tienes que ser un experto en mostrar tus sentimientos en el papel, o a la hora de recitar tu poesía a otras personas para que puedan sentir lo que tú estás sintiendo. Puede ser una imagen, pero sí tiene que dejar un impacto en el lector. Y si puedes hacerlos llorar o sonreír, entonces eres un poeta; si puedes hacerlos temblar, entonces eres un poeta.

Cuando eres poeta, tienes que decir algo que no puede ser dicho por otras personas. Los poetas no necesariamente tienen que ser lectores de poesía de primera clase, porque cuando empiezan a escribir poemas ya tienen lo que necesitan, lo han estado viviendo. Cuando le cuento mi historia —a cualquiera— es como si estuviera recitando poesía.

La historia que estamos viviendo aquí es algo así como una epopeya. Pienso en los acontecimientos de mi vida hasta ahora, desde que nací, pocos meses antes de los Acuerdos de Oslo en 1993, y luego el establecimiento de la Autoridad Palestina en 1994, la Segunda Intifada en el 2000, la invasión de Gaza en 2004, el desmantelamiento de los asentamientos en 2005, la victoria de Hamás en las elecciones de 2006, el asedio en 2007, y las grandes ofensivas de Israel en 2008 y

2009. Luego, el asedio de siete días a Gaza en 2012 y, de manera más agresiva, en 2014, y, muy recientemente, el ataque de mayo de 2021. Nunca se detiene. No creo que los poetas necesariamente tengan que vivir en un ambiente poético.

¿Cuándo comenzaste a querer estudiar inglés?

Nos enseñaban inglés desde quinto curso, ahora comienzan en primero. Recuerdo claramente que yo era el mejor estudiante de la clase, pero solo en inglés, no en árabe ni en matemáticas. Cuando acabé la secundaria, mi padre me sugirió que fuera a la Academia de Policía, que tal vez podría convertirme en oficial. Así que me inscribí en la Academia de Policía, pero no sabía qué pensar al respecto: estaría en una oficina en cualquier parte, y me enviarían a resolver un problema por aquí o por allá, pero no me gusta involucrarme en problemas. Le dije a mi padre: «Creo que debería matricularme en el departamento de inglés». Fui a la Universidad Islámica de Gaza y me aceptaron, y a partir de ahí empezó todo.

La gramática inglesa era uno de mis temas de estudio favoritos, la estructura, las reglas de la sintaxis en inglés. Y luego estaba la literatura, pero me especialicé en la enseñanza del idioma inglés. No me especialicé en literatura inglesa porque había que tener una meta, y yo quería ser maestro para empezar a ganar un sueldo, ganarme la vida y construir algo para mí y mi familia. Y, por supuesto, quería ayudar a mis padres, que han estado endeudados desde siempre.

A medida que avanzabas, ¿qué tipo de lecturas te atraían? ¿Cuáles son las que más recuerdas?

Me empezó a gustar la literatura inglesa desde que hice un curso sobre el Romanticismo. No sé por qué fueron los poetas románticos, con sus fantásticos poemas —por ejemplo, el de William Wordsworth «Vagaba solitario como una nube»— no puedo olvidar este primer verso. Me abrió otro mundo sobre el que pensar y en el que vivir. Y Percy Shelley, y Samuel Taylor Coleridge con «Kubla Khan». Ese curso me enamoró de muchas cosas. Después vinieron George Orwell y su *Rebelión en la granja* y *1984*, y *La tierra baldía* de Eliot. Esas cosas mágicas que suceden en la literatura: por ejemplo, el *Fausto* de Christopher Marlowe. Quiero decir, alguien vende su alma al diablo —oh Dios mío, qué estás diciendo, hablas de un mundo al cual quiero pertenecer, un mundo que aquí no existe. Quiero escapar a ese mundo imaginado.

Pero cuando hablamos de literatura en general, no solo estás hablando de los mundos fantásticos o las realidades imaginarias. No, estás hablando de las obras que documentan la vida de esos autores y los lugares donde vivían. Cuando leo a Wordsworth o a Marlowe, no estoy leyendo sus hermosas palabras y frases. No, están diciéndome lo que presenciaron. No se trata solo de la obra literaria, sino de lo que contiene. Y cuando hablo de Wordsworth y Coleridge y Shelley y Keats, no hablo de las cosas que les gustaban o querían traernos a nosotros. Cuando los leo, quiero estar ahí con ellos, porque estoy privado de esa naturaleza y esas cosas que existen en su mundo. Cuando me hablan de los árboles, los ríos, las nubes, las flores, me invitan a vivir su experiencia, que es una muy buena manera de viajar fuera de Gaza. Así que estoy viajando a través de sus poemas.

Vives una realidad muy dura. Viajar a través de los poemas, ¿qué efecto tiene en tu espíritu?

Es un hecho que vivimos bajo asedio, y vivimos bajo una incesante guerra de desgaste. Pero hay algunas cosas hermosas a mi alrededor: está el mar, las nubes, hay flores y árboles, y árboles cargados de limones, y estas son cosas para disfrutar, incluso si es algo momentáneo. Y cuando leo poemas, a veces veo cosas a mi alrededor que no he notado hasta que las leo en un poema, Oh, este limón, de veras se parece al limón del que habla este poeta europeo.

En otras palabras, el poema nunca es un escape, sino un retorno a una realidad que en verdad está ahí.

¡Exacto! Es realmente un vehículo que me permite volver a estas cosas y verlas de nuevo. Y creo que también es un rayo que arroja luz sobre las cosas que a veces —no hablo de mí mismo como poeta, sino como lector, como persona— veo como normales, pero que no son normales. Cuando leo y veo cosas representadas en un poema que se parecen a lo que veo en mi jardín o en la calle, me doy cuenta de que estamos viviendo en el mismo planeta que Wordsworth. El limón en un poema podría ser el mismo limón que vi en el árbol; cuando habla del sol, es el mismo sol. Me invita a observar y disfrutar de cosas que normalmente no puedo ver cuando tengo miedo. Entonces, para mí, como lector y poeta, la poesía puede mostrar cosas que nunca antes había visto. También puede dirigir mi atención a algo que vi pero nunca disfruté. Y, por último, me asegura que vivo en la misma tierra que Shakespeare, Wordsworth, Coleridge y otros habitaron.

De modo que te aporta un sentido de humanidad compartida.

Sí, como escribió Mahmud Darwish: «Tenemos en esta tierra lo que hace que la vida valga la pena».

¿Cuándo se convirtió Darwish en un referente que te hace pensar en un verso suyo cuando algo sucede?

Claro, Mahmud Darwish formaba parte del currículo. ¿Quién podría olvidar su revolucionario poema inicial, «Escribe que soy árabe»? O «A mi madre», musicado por Marcel Khalife. Pero admiro a Darwish porque nunca dejó de descubrirse a sí mismo. Cuando lees al Darwish de diecinueve o veinte años, el joven palestino desafiante, y luego lees al Mahmud Darwish que viajó y vivió en Haifa, Moscú, El Cairo, Beirut, Túnez, París, Jordania y, finalmente, Ramala, ves cuánto cambió, y cómo su perspectiva fue ensanchándose. No solo es un poeta palestino, sino que es también un poeta universal. Cuando empecé a leer sus poemas existenciales, sus poemas espirituales, su poesía elevada, empecé a encontrar parte de mí en este mundo.

¿Conoces el pasaje de Memoria para el olvido *en el que llega a Beirut y le pide al taxista que lo lleve a Damur para ver el lugar donde había vivido de refugiado cuando era niño, al dejar Palestina? Y se pregunta: ¿Qué buscaba? ¿Buscaba Ítaca, buscaba la patria perdida, o buscaba al niño que fui alguna vez?*

Creo que me inspiré en este pasaje de Darwish para mi poema sobre dejar la infancia atrás. Cuando Mahmud Darwish abandonó el pueblo de al-Birwe a la edad de seis años, lo que dejó no fue la casa familiar o la ropa.

Creo que lo que dejó atrás fue la persona en la que pudo haberse convertido si no se hubieran visto obligados a irse de ese lugar. Así que el niño que fue en el Líbano no era el mismo niño que pudo ser en al-Birwe. Y esto me toca directamente: hay muchos Mosabs en el mundo —el Mosab que nació en Gaza en el campamento de al-Shati; el Mosab en que pude convertirme si mis abuelos no hubieran sido expulsados de Yaffa. Tal vez no hubiera tenido que escribir poesía, tal vez hubiera podido ser químico como Primo Levi o un lingüista como Noam Chomsky. Hubiera sido un científico o un historiador o un investigador de la vida marina. Pero ahora estoy viviendo en Gaza. Y no tengo la sensación de haber sido un niño, creo que estaba huyendo de algo. Tal vez de mi infancia. Tal vez mi infancia se quedó atrás para siempre, porque nunca sentí que fuera un niño. Mis padres nunca me llevaron de viaje, nunca subimos a un avión con la familia para visitar a nuestros parientes en Jordania o en Arabia Saudí. Y aquí hay un punto muy importante: en la escuela, en los libros de texto, especialmente los de la clase de ciencias sociales y de geografía, siempre hay una actividad en el margen de la página: los estudiantes hacen una excursión con el maestro a una montaña o a un río o al Mar Muerto para ver el nivel de la sal y cómo flotamos. Pero nada de esto nos sucedió a nosotros. Así que nunca viví mi infancia. Creo que está ahí esperándome, ¿hasta cuándo? Tal vez hasta que regrese a Yaffa y vuelva a ser un niño.

Hay un cuento de Ghassan Kanafani cuyo título lo dice todo: «Él fue un niño ese día». En otras palabras, no fue un niño los demás días. Tú y tu mujer tenéis tres hijos, ¿qué pensáis de esto?

Cuando me convertí en padre, empecé a querer más a mis padres. Esto no significa que alguna vez los subestimara, pero los empecé a querer más porque pude ver cuánto quiero a mis hijos. Pude entender lo mucho que mis padres se preocupaban por mí. Pero debido a que yo era un niño, nunca fui consciente de ello. Y puesto que, como mencioné antes, no viví mi infancia, a veces me siento triste porque me digo a mí mismo: tal vez pueda darles a mis hijos las cosas que ojalá mis padres me hubieran dado. Pero no puedo hacerlo. No puedo protegerlos de los ataques israelíes, no puedo llevarlos de viaje, y si quiero, no puedo salir de Gaza con ellos. Me pregunto si mis hijos tendrán un futuro mejor para sus propios hijos.

En tu poema «Las heridas», narras en detalle el momento en que fuiste herido a los dieciséis años. ¿Qué piensas de eso ahora?

Cuando pienso en ese poema en concreto, me pregunto por los niños pequeños que quedaron sepultados bajo los escombros de sus casas. No tuvieron la oportunidad de crecer, como yo, y dominar el lenguaje para hablar de sus experiencias. Tuve mucha suerte porque hablo inglés y árabe con fluidez para poder expresar mis sentimientos y experiencias, escribir y documentar las heridas de mi cuerpo y mi alma. Ahora mismo, hace apenas unas semanas, los israelíes lanzaron un ataque letal y masivo contra Gaza, muchas familias fueron borradas de la historia civil de Gaza, el censo de personas que viven en Gaza. No es fácil pensar en ello —mientras observo a mis hijos de seis, cuatro y un años, soy incapaz de asimilar todo lo que sucede a su alrededor— ¿debería escribir en su nombre? Pero lo que escribo es diferente de lo que están viviendo. Puedo expresar, por ejemplo, cómo mi hijita estaba tratando de esconderse de las bombas y su hermano mayor le dio una manta fina para que se escondiera. Puedo describir esto en un poema, pero no puedo expresar lo que ellos sintieron al oír las bombas sin saber que esto no es un juego ni alguien que trata de asustarte para jugar contigo, que esto es cuestión de vida o muerte.

¿Qué crees que les pasa a las personas que no encuentran la manera de procesar y expresar lo que les ha sucedido?

Significa que lo que han vivido no los abandonará, así que todo volverá a ellos en sus pesadillas. Una función de la poesía es curar las heridas. Las ideas en mi mente no se manifiestan hasta que no las transcribo en papel. Las personas que son incapaces de pasar por este proceso, de deshacerse de las cosas, transfiriendo o transformándolas, pierden su bienestar mental, su equilibrio psicológico. Si no pueden escribir, o lidiar con sus pesadillas mediante la lectura, exteriorizándolas al papel o compartiendo de alguna manera sus sentimientos con otras personas, esto profundiza las heridas. Las pesadillas seguirán apareciendo en sus sueños y en su realidad —es muy duro. Una forma de hacerle frente es simplemente contárselo a otras personas y escribirlo para entender eso que te inquieta. A menudo pienso en escribir sobre todas estas ideas y acontecimientos horribles y simplemente prenderles fuego, para poder quemar las pesadillas.

Cuando hay una muerte o una manifestación, y la gente marcha y canta, es muy teatral, una forma de afrontarlo, y también parece que la gente es muy consciente de que está presentando al mundo una cara determinada.

Por supuesto que sí. Los habitantes de Gaza tienen que demostrar al mundo que no pueden ser derrotados. Cuando un edificio que albergaba un teatro fue destruido en un ataque en 2018, por ejemplo, muchos músicos vinieron a tocar su música sobre las ruinas de ese edificio. Cuando los israelíes atacaron la torre italiana en 2014, un joven artista pintó muchos rostros diferentes en las paredes destruidas —rostros sombríos, rostros esperanzados— todos mirando hacia el cielo. Es muy difícil tener que hacer estas cosas, pero no podemos decirle al mundo que estamos tirando la toalla.

Háblame del ataque a tu universidad en 2014. ¿Qué experimentaste entonces?

Estaba a solo un mes de la graduación. Acabábamos de terminar los exámenes. Las fuerzas israelíes lanzaron sus ataques contra Gaza el 7 de julio y se prolongó durante más de seis semanas. Para la estadística: las cifras oficiales dicen que 2 251 palestinos murieron y 11 231 resultaron heridos, casi todos civiles, por supuesto, y muchos de ellos niños y mujeres. Al menos el diez por ciento de esas personas, sufren discapacidad permanente. Alrededor de 18 000 viviendas fueron destruidas, dejando sin hogar a unas 100 000 personas. También fueron atacados 262 escuelas y 73 servicios médicos, entre hospitales, clínicas y ambulancias. Y, claro, la planta de energía, las instalaciones de tratamiento de aguas residuales y el suministro de agua. Del lado israelí hubo 71 bajas, 67 de ellas soldados y resultaron heridos 469 soldados y 261 civiles israelíes. Hay mucha documentación, pero esto es solo para dar una idea del enorme desequilibrio, de la asimetría.

Los israelíes bombardearon el edificio administrativo de mi universidad, la Universidad Islámica de Gaza. El departamento de inglés fue destruido. Los muchos libros que descansaban en las estanterías de mis profesores quedaron sepultados bajo los escombros del edificio. El primer libro que pude sacar fue la *Antología Norton de literatura norteamericana*. Desde luego, resulta muy irónico que nosotros en Gaza y Palestina leamos, apreciemos y valoremos la literatura estadounidense, y la literatura inglesa, la estudiamos, nos encanta. Y tratamos de emularla, al igual que emulamos la literatura árabe. Pero entonces, de repente, un misil o una bomba pesada que se pagó y fabricó en Estados Unidos, me está matando, no solo a mí, sino a los libros que leíamos y estudiábamos en clase. Esto me pareció muy irónico.

Perdí a dos queridos amigos, Amar y Ezzat, que Dios tenga misericordia de ellos. Amar estudió literatura árabe y tenía una hermosa voz, particularmente cuando recitaba el Corán. Amar era muy popular, mientras que yo siempre he sido tímido. Pero también tengo una buena voz y, una vez, cuando yo estaba recitando el Corán, se acercó a mí y me susurró: «Mosab, ¿cómo lo has hecho? ¿Puedes repetirlo, puedes mostrarme cómo lo has hecho?». Le dije que no lo sabía, que había sido algo natural. Y así nos hicimos muy buenos amigos.

Me enteré primero de la muerte de mi amigo Ezzat cuando estaba traduciendo para una periodista española en al-Shifa, el hospital más grande de Gaza. Un amigo me llamó y me dijo: «Han asesinado a Ezzat en un ataque». Pregunté: «¿A quién? ¿Cuál Ezzat?». Respondió: «Tu amigo Ezzat». Le pregunté a la periodista si podía irme. Cogí un taxi a Beit Lahia, en dirección a Kamal Adwan, el hospital central en el norte de Gaza, y, cuando estábamos llegando, vi una multitud. Al bajar del taxi, vi a mi hermano menor, al padre de Ezzat y a algunos vecinos. Llevaban sobre sus hombros el cuerpo inmóvil de Ezzat. Quise acercarme, estar cerca de su cuerpo. A continuación fuimos a la mezquita. Rezamos la oración por los muertos y lo enterramos. Así fue la última vez que lo vi. Éramos compañeros de colegio y compartíamos la afición por el fútbol. Una vez fuimos a una tienda de deportes y compramos camisetas de nuestro equipo favorito, el Barcelona: yo conseguí el número 14, y él compró el 10. Solíamos ir a los cafés a ver todos los partidos importantes. Lo recuerdo diciéndome que su mayor sueño sería ir a España y jugar en el Barcelona. Cuando terminaron los ataques contra nosotros, visité a su familia para ofrecer mis condolencias. Le pedí al padre de Ezzat que me llevara a su habitación, abrí la puerta del armario y vi su camiseta del Barcelona, el número 10. Le pregunté si podía quedármela. Ahora tengo las dos camisetas.

¿Y cómo surgió la idea de la Biblioteca Edward Said?

Fui a la universidad durante un alto el fuego con un amigo y vi aquella *Antología Norton* bajo los escombros. Publiqué mi foto en las redes sociales sosteniendo el libro rescatado y junto a él puse otra foto de nuestra casa, parcialmente destruida por un ataque aéreo israelí contra la casa de nuestro vecino. Había tres agujeros en la pared de la habitación que hacía de biblioteca en nuestra casa. Los amigos comenzaron a enviarme libros para reemplazar lo que había perdido en mi pequeña biblioteca. Publiqué una página en las redes sociales: Biblioteca y librería para Gaza, y cada vez más gente empezó a enviar libros hasta que llegué a tener unos seiscientos en mi casa. Algunos medios de comunicación se acercaron a entrevistarme y se corrió la voz, así que comencé una campaña de recaudación de fondos.

¿Cómo entró ahí Edward Said?

Conocía sus ideas, había leído algunos artículos suyos, pero nunca me había topado con ninguno de sus libros. No en mis años de licenciatura. A diferencia de Mahmud Darwish, cuyos poemas se enseñan en todas partes, Edward Said no era muy conocido en Gaza. No quiero generalizar, pero mi impresión es que muchos palestinos en Gaza y en los Territorios Ocupados no eran tan conscientes de la importancia de Edward Said. Tal vez por sus puntos de vista políticos, su denuncia de los Acuerdos de Oslo y lo que pensaba sobre Yasir Arafat como persona. Era despreciado por muchos en los sistemas políticos de Palestina y del mundo árabe. Lo que significa que, necesariamente, la gente debería conocerlo.

Al ponerle su nombre a la biblioteca, creo que estaba honrando más a la biblioteca que a Said, porque seguramente se merece más que esto. Pero gracias a la biblioteca, muchas personas comenzaron a buscar a Edward Said, y se dieron cuenta de todo lo que se habían estado perdiendo.

Cuéntame más sobre la biblioteca y cómo evolucionó.

Empecé a coleccionar libros en mi habitación. Entonces hice una página en una red social para llegar a más personas. Cuando tenía seiscientos libros en mi habitación, *al-Jazeera* en inglés escribió un largo artículo sobre mí y la biblioteca. La poeta estadounidense Katha Pollitt se puso en contacto conmigo y me ayudó mucho. Lancé una campaña de recaudación de fondos. Le pedí a Katha si podía escribir sobre la biblioteca para la revista *The Nation,* lo que hizo. La campaña llegó a más y más personas de esa manera.

Por supuesto, todo lo relacionado con Gaza es un problema —tuve que gestionar cómo transferir el dinero que recaudamos porque hubiera sido sospechoso si lo transfería a mi cuenta personal. No pude obtener una licencia para biblioteca debido a la ruptura entre la Autoridad Palestina y el gobierno de Hamás en Gaza. La Autoridad en Cisjordania emite las licencias, lo que nos hubiera permitido abrir una cuenta bancaria para la biblioteca. Sin embargo, no había forma de contactar con el gobierno en Cisjordania. Esto es típico. Por lo tanto, tuve que trabajar con una organización juvenil existente en Gaza. Finalmente encontramos la Middle East Children's Alliance, a través de la viuda de Edward, Mariam Said, y ha funcionado muy bien.

Mariam se entusiasmó y fue muy solidaria, al igual que su hija Najla, y toda la familia.

¿Puedes hablarnos sobre el tipo de actividades que se llevan a cabo en la biblioteca?

Realmente funciona más como un centro cultural. Las actividades no giran solamente en torno a los libros y la lectura o la escritura. Hay varias iniciativas juveniles en el ámbito de la música, el teatro, la pintura y el dibujo, etc. Los grupos literarios vienen a reunirse. Hay conferencias y sesiones para padres y miembros de la comunidad. Formación en informática. Talleres sobre cómo protegerse contra el COVID, por ejemplo, y sobre bienestar psicológico. En algunas sesiones, un formador lee cuentos a los niños para identificar el trauma y buscar tratamiento psicológico o terapéutico. Es mucho más que una biblioteca —hay dos millones de personas en Gaza y no hay suficientes recursos.

Nací en un campo de refugiados y nunca en mi vida había visto una biblioteca hasta que ya de mayor vi una pequeña biblioteca administrada por la UNRWA, la Agencia de la ONU para los Refugiados.

Sabemos que hay enormes problemas en Gaza. Y sin entrar en estadísticas y análisis detallados, solo quiero conocer tu reacción a algunas cosas importantes. Dime algo sobre el significado del agua para ti en Gaza.

Empezamos por el agua insalubre que los habitantes de Gaza deben beber a diario, agua no potable. Y los enormes charcos de agua en la calle después de un día lluvioso, porque no hay un sistema de drenaje que funcione, especialmente en los campos de refugiados. El agua invade las casas de las personas en los campamentos.

Cuando pienso en el agua, me acuerdo del mar. El mar es una de las vistas más hermosas. Pero, al mismo tiempo, está ligado a recuerdos sangrientos. Recuerdo dos en particular: en 2006, acorazados israelíes dispararon misiles contra las familias en la playa de Beit Lahia, justo donde vivo, y una familia entera fue asesinada. Y la niña, la única superviviente, Huda Ghalia, creo que tenía doce o trece años. En lugar de sentarse juntos, comer sandía, beber té, bailar, tal vez montar a caballo y correr por la playa, la familia no hizo una salida o excursión, sino que se dirigió a su muerte. Y me acuerdo de esta chica, culpándose porque fue ella la que insistió en que fueran al mar ese día. Así que se culpó a sí misma: «Yo fui la causa. Los llevé a la muerte». Otro incidente fue en 2014, cuando cuatro niños de la familia Bakr fueron asesinados mientras jugaban al fútbol en la playa. Creo que el balón fue lo único que sobrevivió de aquel juego.

Pienso también en los depósitos de agua en nuestros tejados, que se vacían cuando se corta la electricidad. Entonces no tienes agua durante varios días y te lavas las manos o la cara echando agua de una botella, y los platos llenando un recipiente y enjuagándolos en otro. Primitivo.

Y luego está el sonido de la lluvia golpeando contra las planchas de zinc y los revestimientos del tejado en los campos de refugiados. Puede ser una buena experiencia, el ruido te indica que está lloviendo, pero para la gente que vive en esas casas, el ruido no se detiene, nadie puede dormir, y si el tejado está agujereado, entonces todos tienen que alejarse de la gotera y sacar los cubos.

Y, tal como cuentas, la electricidad a menudo se corta…

Técnicamente estamos privados de electricidad. Cuando la electricidad vuelve, se puede oír a la gente gritando y aplaudiendo, como si alguien hubiera marcado un gol en la final de la Copa del Mundo. La gente deja conectada una lámpara en el techo para saber que ha vuelto. Cuando tienes cuatro horas de electricidad y, en invierno, por lo general, solo dos horas, ¿qué haces en esas dos horas? ¿Cargas tu teléfono o tu ordenador portátil, si tienes uno, o lavas la ropa? ¿Ves la televisión, o te vas a mirar en el espejo por la noche? ¿Y las personas que la necesitan para sus vidas? Los hospitales, los aparatos de diálisis, los pacientes oncológicos, los ventiladores… Y luego están las fábricas y las tiendas. Siempre hay que calcular cuánta comida comprar, porque se puede echar a perder si el horario de la electricidad cambia. Tienes que pensar así en todo.

La media de edad en Gaza es muy joven. Antes comentaste que habías preguntado a tu padre por tu abuelo, y lo importante que eso fue para ti. Pero cada vez son menos las personas que tienen recuerdos de la vida fuera de Gaza. Me pregunto si puedes decir algo sobre esto.

Desafortunadamente, no se trata solo de los recuerdos de nuestros abuelos, sino que también son sus recuerdos los que se están perdiendo, eso es lo que necesitamos oír y memorizar y luego transmitir a nuestros hijos y nietos. Pero también me entristece pensar en mi generación, en nuestros recuerdos, que se nos pida o se espere que contemos nuestras propias historias de lo que nos pasó en Gaza. Estoy pensando, por ejemplo, en 2021, 2014, 2009 o 2008. Todas las masacres y los ataques a Gaza. Quizá nuestros nietos no nos pregunten por Yaffa, Acre y Haifa. No, nos preguntarán por la guerra de 2014. ¿Qué te pasó? ¿Qué comiste? ¿Cuál de tus amigos resultó herido? ¿Dejaste tu casa? ¿Adónde fuiste?

Se trata de un estado de exilio y distanciamiento prolongados y la expulsión y la limpieza étnica. Nuestros abuelos fueron expulsados de sus hogares y de sus ciudades, y cualquier rastro de ellos ha sido borrado y reemplazado por otra cosa, que ahora se llama Israel. Pero a nosotros, sus descendientes, también nos robaron nuestro derecho a soñar y pensar en esos lugares. No, en cambio, nos vemos obligados a vivir en las pesadillas de nuestra propia vida actual. Y están creando más miseria para nosotros, hiriéndonos una y otra vez, para que olvidemos esas heridas anteriores frente a las heridas más frescas. Cuanto más nos atacan los israelíes, más tratan de borrar los viejos recuerdos. Por lo tanto, también se convierte en una cuestión de agotamiento.

Sí, el agotamiento de la resiliencia: sumud, *perseverancia sin desmayo.*

¿Por qué demostramos nuestra resiliencia? ¿Es porque pensamos que debemos mantenernos resilientes o porque no queremos que otras personas nos vean como débiles? ¿O es porque creemos que lo que nos está sucediendo no va a durar para siempre, y que esto que nos sucede es similar a lo que les ha sucedido a otras personas? No lo sé. A veces pienso que estoy atrapado para siempre en Gaza, incluso después de haberla dejado en una sola ocasión, por vez primera.

Fuiste invitado a ser Visiting Fellow en el Scholars-at-Risk programa en Harvard, pero llegaste solo unos meses antes de la pandemia debido a todos los retrasos en la salida de Gaza. Creo que necesitaría una entrevista aparte para entrar en detalle sobre lo que significa viajar desde Gaza y luego regresar. Basta decir que el viaje supuso varios meses de espera y preparación, a menudo en distintos países, con un gran coste y estrés, sin ninguna garantía de obtener realmente el «permiso».

Todas estas son formas de castigo colectivo a las que estamos constantemente sometidos en relación a los derechos más básicos: el agua potable, la libertad de movimiento, mantener a las familias unidas, recibir atención médica, y así sucesivamente.

Cuando, finalmente, llegaste a Estados Unidos, ¿cuáles fueron tus primeras impresiones?

Con veintiséis años, era la primera vez en mi vida que me subía a un avión. Primero tuve que ir en taxi y autobús de Gaza a El Cairo, luego volar de El Cairo a Ammán. Mi mujer y mis dos hijos, Yazzan, de cuatro años, y Yaffa, de tres (esto fue antes de que tuviéramos a nuestro tercer hijo), pudieron viajar desde Gaza a Ammán a través de Israel. Por supuesto, fue un viaje arduo para ellos también. En Ammán, tuvimos que esperar cincuenta días hasta conseguir nuestro visado. Luego viajamos de Ammán a Boston.

Estábamos ansiosos y asustados por si los oficiales estadounidenses en el aeropuerto nos enviaban de regreso, como le había sucedido a un estudiante palestino del Líbano admitido en Harvard para su primer año. Revisaron sus redes sociales y vieron que algunos de sus amigos habían publicado cosas que consideraban «antiamericanas», y lo devolvieron. A pesar de la intercesión de Harvard, tuvo que hacer el viaje dos veces. Por supuesto, si nos devolvían, no teníamos lugar adonde volver, puesto que nuestros permisos de visita en Jordania habían expirado.

Cuando sellaron nuestros pasaportes, se me llenaron los ojos de lágrimas, de alivio, supongo.

Lo primero que recuerdo es viajar en coche por la autopista a gran velocidad, percatándome de que no estaba viendo escombros de edificios destruidos. Más tarde, cuando hicimos algún viaje, me asombró el tamaño del país. Campos abiertos, con árboles y ríos. Esta tierra es grande, podría ser acogedora, complaciente y hasta confortable. En Gaza, te imaginas el mundo como un lugar pequeño, y nunca sabes qué será ni de donde vendrá el siguiente golpe.

Te habrá sorprendido encontrarte con gente deseosa de saber acerca de ti, de tu vida, de la Biblioteca Edward Said…

Todas las personas que conocí estaban ansiosas por escucharme, oír mi experiencia de vivir en Gaza, cómo es la vida allí. En Gaza, nunca me pareció que apreciaran mucho las bibliotecas, bien por desavenencias políticas, o porque los responsables aún no han percibido lo importante que son las bibliotecas. La clase de apoyo que sentí en los Estados Unidos significó mucho para mí.

Por supuesto, al estar tan lejos y enterarme de ataques en Gaza, me preocupé por mi familia hasta perder el sueño. Le enviaba mensajes a mi hermano y le pedía que encendiera la cámara, solo por ver sus rostros, aún vivos.

Después del año en Harvard, entré en el programa de MFA de la Universidad de Siracusa, en el Estado de Nueva York, y nos mudamos allí. Pero debido a la pandemia, y al ser las clases en línea, nos sentimos muy aislados y decidimos volver a nuestra casa en Gaza, donde podía terminar el segundo semestre en línea.

¿Cómo te ha impactado esta experiencia de salir de Gaza y luego volver?

Creo que mi experiencia de vivir y escribir en Estados Unidos me ayudó a verme a mí mismo en Gaza con más claridad. Incluso cuando me fui físicamente de Gaza, mi alma todavía estaba allí. En un poema que escribí en árabe mientras estaba en Estados Unidos, le pedía al viento que cuidara de mis sombras, las sombras que había dejado en las calles de Gaza. Les pedía a los coches que no atropellaran mi sombra. Mis ojos se habían trasladado a Estados Unidos, y al contemplar Gaza desde lejos, podía ver el plano general. Por ejemplo, «Las heridas», el poema sobre mi propia experiencia de haber sido herido, lo escribí en Estados Unidos. No estoy seguro de haberlo podido escribir en Gaza. Pude ver esa experiencia como en una retransmisión. Yo estaba entre el público, y Gaza estaba en la pantalla. Pude ver la película. Sobre todo, me ayudó a verme a mí mismo y a mi pueblo con más nitidez. Ahora, cuando estoy en Gaza, escribo casi como un reportero.

En Estados Unidos, mientras camino por la mañana, podría escribir sobre un árbol que se inclina para beber de mi taza de té, o una ardilla bebiendo de un vaso que dejé en el porche. Pero, cuando estoy en Gaza, solo puedo pensar en el sonido constante de los drones y los F-16, o en la orilla del mar llena de cadáveres o metralla.

En general, mi experiencia en Estados Unidos fue muy buena. Me sorprendió cuánta gente conocía Palestina y Gaza, no creía que ese fuera el caso. Pero ser palestino, especialmente de Gaza, también puede hacer que te sientas incómodo. Cuando necesitaba preguntar si podía regresar a Gaza a través de Egipto o Jordania, no había embajada a la que pudiera acudir en Estados Unidos. Esté donde esté —en Gaza, en Palestina, si es que alguna vez puedo llegar allí, o en los Estados Unidos— sigo siendo un apátrida.

ÍNDICE

Este libro,
primero de la colección
POESÍA NECESARIA,
acabose de componer en Guadarrama
el día 15 de mayo de 2024,
76 aniversario de la Nakba palestina,
la expulsión, el éxodo y la expropiación
de tierras que tiene su colofón
en el genocidio en curso
en la Franja de Gaza

Título original
Things You May Find Hidden in My Ear
© City Lights Publishers, 2022
© de esta edición:
ediciones del oriente y del mediterráneo, mayo 2024
Prado Luis, 11
E-28440 Guadarrama (Madrid)
correo electrónico: info@orienteymediterraneo.com
web: www.orienteymediterraneo.com
bitácora: https:\\orienteymediterraneo.blogspot.com
© traducción del inglés:
Joselyn Michelle Almeida
Una primera versión de los siguientes poemas había sido
publicada anteriormente en el nº 7 de la revista *Banipal:*
«Dejando atrás la niñez», «¿Qué es hogar?», «Mi abuelo y el hogar», «Ejercicio
intenso», «La pared y el reloj», «Letanía para "Una tierra"», «NOSOTROS y
ELLOS», «El silencio del agua», «La metralla busca la risa», «Edward Said,
Noam Chomsky y Theodore Adorno en Gaza», «Destierro», «Las cosas que tal
vez halles ocultas en mi oído», «Sin hogar para siempre».

Diseño de cubierta:
ediciones del oriente y del mediterráneo
a partir de una fotografía del autor
Impreso en España